1906 - Mars 8.

AF592133

330 Chambre des Commissaires Priseurs
Envoi à la Bibliothèque Nationale

VENTE

DES

Jeudi 8 et Vendredi 9 Mars 1906

HOTEL DROUOT, SALLE N° 10

PORTRAITS ANCIENS

DU XVIE AU XIXE SIÈCLE

COMMISSAIRE-PRISEUR

Me M. DELESTRE

5, rue Saint-Georges

EXPERT

M. DANLOS

15, quai Voltaire

PORTRAITS ANCIENS

DU XVIe AU XIXe SIÈCLE

CONDITIONS DE LA VENTE

Elle sera faite au comptant.

Les acquéreurs payeront 10 °/₀ en sus des prix d'adjudication.

M. Danlos se réserve la faculté de rassembler ou de diviser les lots.

La Collection sera exposée, 15, quai Voltaire, du Jeudi 1er au Mardi 6 mars, le dimanche excepté.

ORDRE DES VACATIONS

Jeudi . .	8 Mars.	Nos	1 à 124
			250 à 289
			333 à 406
Vendredi.	9 —	—	125 à 249
			290 à 332 *bis*
			407 à la fin.

CATALOGUE

D'UNE BELLE

COLLECTION DE PORTRAITS

DU XVIE AU XIXE SIÈCLE

PARMI LESQUELS ON REMARQUE

UNE TRÈS BELLE ET IMPORTANTE SÉRIE

DE

PORTRAITS DE FEMMES DU XVIIIE SIÈCLE

ŒUVRES

DE

ANSELIN, BALÉCHCU, BEAUVARLET, DAULLÉ, LES DREVET, EDELINCK

TH. DE LEU, MASSON, MORIN, NANTEUIL

SCHMIDT, VAN SCHUPPEN, WILLE, WIERIX, ETC.

DONT LA VENTE AUX ENCHÈRES PUBLIQUES AURA LIEU

Hôtel des Commissaires-Priseurs, rue Drouot, N° 9

SALLE N° *10*

Les Jeudi 8 et Vendredi 9 Mars 1906

A 2 HEURES TRÈS PRÉCISES

Par le ministère de Me **M. DELESTRE**, commissaire-priseur,

5, RUE SAINT-GEORGES

Assisté de **M. DANLOS**, marchand d'estampes,

15, QUAI VOLTAIRE

EXPOSITION PUBLIQUE

Le Mercredi 7 Mars de 2 heures à 5 heures.

PORTRAITS IN-FOLIO

DES

XVIIe, XVIIIe ET XIXe SIÈCLES

AUDRAN (B.).

1. Bignon (J.-P.), abbé de Saint-Quentin, bibliothécaire du Roi, d'après Vivien. In-fol.

Superbe et très rare épreuve avant toutes lettres.

2. P.-Clément Daffincourt. — Ant. Coyzevox. — R. Secousse. — J.-Paul Bignon. — Frère Blaise Feuillant. 5 portraits in-fol. d'après Rigaud, Vivien et de Troy.

Très belles épreuves ayant de grandes marges.

BALÉCHOU (J.-J.).

3. Cossé-Brissac (Timoléon de), évêque de Condom. In-fol.

Très belle épreuve avant toutes lettres et avant les armes. Très rare.

4. Crébillon (*P. Jolyot de*), poète tragique, d'après Aved. In-folio.

Très belle épreuve.

5. Ch.-Ant. Coypel, peintre. — J.-G. Grillot, évêque de Pontivy. — Ch. Rollin, recteur de l'Université de Paris. 3 portraits in-folio.

Très belles épreuves.

6. Julienne (J. de), directeur des Gobelins, tenant le portrait de Watteau, d'après De Troy. In-fol.

Très belle épreuve.

7. Philippe, Infant d'Espagne, duc de Parme. — Guillaume-Charles-Henri Friso, prince d'Orange et de Nassau, stathouder des Pays-Bas. 2 portraits in-fol. d'après Viali et Aved.

Très belles épreuves. Grandes marges.

8. Gaillard (*P.-J. Laurens de*), conseiller en la Cour des Comptes de Provence. — Ch. Rollin, directeur de l'Université de Paris. 2 portraits in-folio, d'après Vanloo et Ch. Coypel.

Très belles épreuves.

BARTOLOZZI (F.).

9. Frédéric II, roi de Prusse, d'après Ramberg. Petit in-fol.

Très belle épreuve tirée en bistre.

BAUSE (J.-F.).

10. Pierre Ier, empereur de Russie, d'après Le Roy. In-fol.

Très belle épreuve. Grande marge.

BEAUVARLET (J.-F.).

11. Artois (Ch. Ph., comte d') et Marie-Adélaïde Clotilde, sa sœur, représentés enfants, la sœur assise sur une chèvre et le frère en pied, debout auprès d'elle; d'après Drouais. In-fol.

Très belle épreuve. Grande marge.

12. Molière (*J.-B. Poquelin de*), d'après S. Bourdon. In-fol.

Très belle épreuve. Grande marge.

BEAUVARLET (J.-F.) et BLOT (M.).

13. Bandieri de Laval. — Ed. Bouchardon, sculpteur. — Marquis de Montpipeau, intendant de Tours. — Géry, abbé de Sainte-Geneviève, 4 portraits in-4 et in-fol.

Très belles épreuves, le portrait de Géry est avant la lettre.

BERVIC (Ch.-Cl.).

14. Sénac de Meilhan (G.), publiciste, d'après S. Duplessis. In-fol.

Très belle épreuve avant la lettre. Grande marge.

15. Vergennes (*Ch. Gravier*, comte de), ministre et secrétaire d'État.

Très belle épreuve avant la lettre. Rare.

CARMONA (M.-S.).

16. Boucher (Fr.), peintre et graveur, d'après Roslin le Suédois. In-fol.

Superbe épreuve avant toutes lettres, avant de légers travaux et avant que la planche ait été réduite d'environ un centimètre dans sa partie inférieure; marge. Excessivement rare de cette qualité.

17. Le même portrait.

Très belle épreuve. Grande marge.

CARS (L.) et COSSIN (L.).

18. F. Chauveau, peintre. — J. de Soleysel, écuyer du Roi dans sa grande écurie. — M. Anguier, sculpteur. — P. D'Hozier, généalogiste. — M. de Kraut, écuyer. — Prince de Lorraine. — 6 portraits in-fol.

Très belles épreuves, le portrait de MM. de Soleysel et de Kraut sont avant la lettre.

CATHELIN (L.-J.).

19. Tocqué (L.), peintre, d'après Nattier. In-fol.

Très belle et rare épreuve avant toutes lettres.

CHEREAU (F.).

20. Pécour, compositeur de ballets et maître à danser. — Renaudot, orientaliste, membre de l'Académie Française. — Cl. B. Rousseau, auditeur en la Chambre des Comptes, 3 portraits in-fol.

Très belles épreuves.

CHEREAU (à Paris, chez la Vve).

21. Broglie (Victor-François duc de), maréchal de France, à cheval, in-fol.

Très belle épreuve avec marge. Rare.

CHEREAU ET DUCHANGE.

22. Monsieur de NESTIER, à cheval. — J.-B. Louis PICON. — L. de BOULLONGNE. — Ant. COYPEL. — Ch. DELAFOSSE. — Fr. GIRARDON, 6 portraits in-fol.

Très belles épreuves ayant pour la plupart de grandes marges.

CHEVILLET (J.).

23. PROVENCE (L. S. Xavier comte de), in-fol.

Très belle et rare épreuve avant toutes lettres. Grande marge.

24. Baron de BRETEUIL. — J. L. JORDAN, négociant. — LENOIR, lieutenant de police, 3 portraits in-fol.

Très belles épreuves; le portrait du baron de Breteuil est avant toutes lettres.

DAGOTY (GAUTHIER).

25. CHARLES-EMMANUEL, roi de Sardaigne. — Comte de CAYLUS, 2 portraits in-4° gravés à la manière noire.

Très belles épreuves, le portrait de Charles-Emmanuel est imprimé en couleurs.

DALEN (C. VAN).

26. P. ARETIN. — BARBARELLI dit le *Giorgon*, 2 portraits in-fol. d'après le Titien.

Très belles épreuves avant toutes lettres.

DAULLÉ (J.).

27. BARON (*M. Boyron* dit), célèbre comédien, d'après De Troy. In-fol. (Del. 8.)

Très belle et rare épreuve avant la lettre.

28. GAUFFECOURT (*Capperonier de*), bibliophile d'après Nonotte. In-fol. (23).

Superbe épreuve avant les mots : *Livre 2*, à la suite de la mention : *Hor. ad. Grosphum car.* Rare.

29. Gendron (Claude *Deshays*), docteur médecin oculiste, d'après H. Rigaud. In-fol. (24).

Superbe et très rare épreuve avant la lettre, mais avec les noms des artistes. Marges.

30. Laubrière (Charles-François *le Febvre* de), évêque de Soissons, d'après Aved. In-fol. (28).

Tres belle épreuve. Marge.

31. Louis, dauphin de France, d'après L. Tocqué. In-fol. (36). — Pièce gravée en collaboration avec Wille.

Très belle et rare épreuve avant l'adresse de Daullé. Marge.

32. Louis, dauphin de France, fils de Louis XV, enfant (34). — Le même personnage, jeune (36). 2 portraits in-fol. d'après S. Belle et Tocqué.

Très belles épreuves. Grandes marges.

33. Louis XV, roi de France, d'après H. Rigaud, petit in-fol. (35).

Très belle épreuve. Rare.

34. Mariette (Jean). Graveur et Libraire, d'après A. Pesne, in-fol. (43).

Très belle épreuve. Grande marge.

35. Maupertuis (Pierre-Louis *Moreau* de), géomètre, d'après Tournières, in-fol. (44).

Très belle épreuve. Marge.

36. Rigaud (H.), peignant le portrait de sa femme, d'après lui-même. In-fol. (69).

Très belle épreuve.

37. Rousseau (J.-B.), poète lyrique, d'après J. Aved. In-fol. (71).

Très belle épreuve. Marge.

38. Baglion de la Salle, évêque (6). — Ch. Coffin, littérateur (15). — L. J. de Chapt de Rastignac, archevêque de Tours (68). 3 portraits in-fol.

Très belles épreuves.

39. J.-B. COIGNARD, imprimeur-libraire (16). — P. A. LEMERCIER, imprimeur de la Bible de Paris (29). — *P. L. Moreau* de MAUPERTUIS, géomètre (44), 3 portraits in-fol. d'après Vanloo et Tournière.

Très belles épreuves.

DAULLÉ ET DUCHANGE.

40. BARON, célèbre acteur. — DE LAFOSSE, peintre, 2 portraits in-fol. d'après de Troy.

Très belles épreuves avant la lettre. Sans marges.

DIVERS.

41. LOUIS XIV à différents âges, 4 portraits différents. — LOUIS XIV et la famille royale. — GUILLAUME III roi d'Angleterre. — Le Marquis de LOUVOIS. Ensemble 6 portraits in-4° et in-fol. par Cossinus, Thomassin et Hainzelman.

Très belles épreuves.

42. BOILEAU-DESPRÉAUX. — Maréchal D'ESTRÉES. — J. F. GUILLAUMON, tapissier. — CH. PATIN, médecin. — J.-B. DE TORCY, marquis de COLBERT, ministre et secrétaire d'État. 5 portraits in-fol. par B. Picart, Lefebure, N. Edelinck et Dossier.

Très belles épreuves, le portrait de Boileau est avant la lettre.

43. CLÉMENT IX. — Cardinal D'ESTE. — M. LE TELLIEB. — CL. ROULIÉ. DUC D'ORLÉANS. — PH. DE SAVOIE. — ANT. VALLOT. — J. LE TELLIER, etc. 11 portraits in-fol. gravés par Lombart, Poilly et Lochon.

Très belles épreuves.

44. LOUIS XV à différents âges. — LOUIS, dauphin de France. 6 portraits in-fol. et in-4° gravés par Aubert, Cathelin, Fessard et de Larmessin.

Très belles épreuves.

45. FAYOT DU BOUILLON. — ARMAND DE LORRAINE, évêque de Bayeux. — RICHER DE LA MORLIÈRE. — HENRY DE FOURCY. — CL. CAPPERONIER. 5 portraits in-fol. gravés par Chereau, Lépicié et Vermeulen.

Très belles épreuves.

46. Allégorie pour le mariage du Duc de Bourgogne, 2 épreuves différentes. — Allégorie pour la naissance d'un Infant d'Espagne, 1739. — Monument projeté à la mémoire de J.-J. Rousseau, 2 épreuves différentes. — La paix rendue à l'Europe, 1763. — Mausolée de M. de Maupertuis dans l'Église Saint-Roch. — Frontispice allégorique d'un atlas.

7 pièces dont cinq sont avant la lettre ou à l'état d'eau-forte.

47. Aymon premier. — Le Blanc de Castillon, procureur général au parlement de Provence. — J. B. F. de la Michodière, prévôt des Marchands. — F. G. de L'Hospital, lieutenant général. 4 portraits in-fol. gravés par Coypel, Molés et Teucher.

Très belles épreuves.

48. F. Arnaud de l'Académie Française.—Card. de Bouillon.— Ant. Furetière de l'Académie Française. — N. Larcher, abbé de Cîteaux. — J. A. de Maroulle, prieur de Marmande. — Montillet, évêque d'Auch. — M. J. Terray, ministre d'État. 7 portraits in-fol.

Très belles épreuves.

49. Allegrain, sculpteur. — C. Vanloo, peintre. — J. J. Flipart, graveur. — R. Fremin, peintre. — B. Picart, graveur. — Cl. Hallé, peintre. — J. De Troy. 7 portraits in-fol. et in-4° gravés par Demarteau, De Larmessin, Vallée et autres.

Très belles épreuves; le portrait de C. Vanloo est imprimé en rouge et celui d'Allegrain est avant la dédicace.

50. Ant. Coypel, peintre. — Jean V, roi de Portugal. — F. de la Roche, mousquetaire du roi. — Sheurl de Befersdorf, magistrat de Nuremberg. 4 portraits in-fol. gravés à la manière noire par Sarrabat et Henkel.

Très belles épreuves ; le portrait de Sheurl est avant toutes lettres.

50 *bis*. J. De Troy. — C. Vanloo. — Col. de Vermont. — J. Vernet. — W. Vleughels. 5 portraits de peintres gravés par Valée, Demarteau, Carmona et Jeaurat.

Très belles épreuves avec de grandes marges ; le portrait de C. Vanloo est imprimé en rouge.

51. Ant. Coypel. — Hubert Robert. — J. Noiret. — Ch. Poerson. — N. Poussin. — A. Roslin, 6 portraits de peintres gravés par Massé, Desrochers, Ferdinand et Floding.

Très belles épreuves avec de grandes marges; le portrait de Hubert Robert est avant la lettre.

52. Louis XVI. — Comte d'Artois. — Duc de Penthièvre. — Duc de Chartres. 6 portraits in-4 et in-fol., gravés par Boizot, Chevillet, A. de Saint-Aubin et autres artistes.

Très belles épreuves; le portrait de Louis XVI est imprimé en rouge.

53. P. Contant d'Ivry, architecte. — F. Couperin, compositeur organiste. — M. Dumont, architecte. — Le Clair l'aîné, compositeur. — J.-G. Soufflot, architecte. — J. Thierry. 6 portraits in-fol., gravés par Vangelisty, Flipart, Moreau et Thomassin.

Très belles épreuves.

54. Adrienne Lecouvreur, sous la figure de la Tragédie. — Mme Favart, rôle de Bastienne. — Mlle Mars. — Desessarts. — Lekain. — Préville. — Talma, 2 portraits différents. — Volange. Tableau magique de Zémire et Azor. 10 pièces in-fol., gravées par Carmona, Niquet, Romanet et Voyez le jeune.

Très belles épreuves; le portrait de Desessarts est avant la lettre.

55. Louis XVIII. — Cte d'Artois. — Duc de Berry. — Duc d'Angoulême. — Maréchal Marmont. — Le Champ de Mai en 1815, etc. 10 portraits in-fol., gravés et lithographiés par Audouin, Billard, Forster et Girardet.

Très belles épreuves; le portrait de Louis XVIII est avant toutes lettres.

56. La famille du roi Louis-Philippe, onze médaillons réunis sur une même feuille. 2 pièces in-fol., gravées par Boilly.

Très belles épreuves.

57. Barry, architecte anglais. — P.-J. Cavelier, statuaire. — P. Delaroche, peintre. — Drolling, peintre. — L. Perin, miniaturiste, deux épreuves avec différences. 6 portraits in-fol., gravés par Stuijter, H. Dupont, Levasseur, Castan et Dubouchet.

Très belles épreuves avant la lettre, une est à l'état d'eau-forte.

58. Frédéric-Guillaume, roi de Prusse. — Hussein Pacha. — Cte de Bombelles. — Cte Decazes. — Chateaubriand. — Mis de Grouchy. — Duc Pozzo di Borgo. — De Saussure. — MM. de La Villestreux enfants. 9 portraits in-fol., gravés et lithographiés par H. Dupont, Forster, Garnier, Toschi et L. Noël.

Très belles épreuves; les portraits du Roi de Prusse, du Duc Decazes, du Duc Pozzo di Borgo et du Marquis de Grouchy sont avant la lettre.

DREVET (P.).

59. DELPECH (J.), marquis de *Mérinville*, d'après N. de Largillière. In-fol. (F. D. 37).

Superbe épreuve.

60. PHILIPPE V, roi d'Espagne, d'après H. Rigaud. In-fol. (41).

Très belle épreuve du 1er état : avant l'adresse de Bligny.

61. BOILEAU-DESPRÉAUX (23). — Mme DESJARDINS (38). — B.-H. DE FOURCY, abbé de Saint-Wandrille (30). 3 portraits in-fol. et in-4, d'après De Piles et H. Rigaud.

Très belles épreuves.

62. TOULOUSE (Louis-Alexandre de *Bourbon*, comte de), d'après H. Rigaud. In-fol. (64).

Très belle épreuve.

63. F. GIRARDON, sculpteur (69). — ANT. PORTAIL, premier président au Parlement de Paris (108). 2 portraits in-fol., d'après Vivien et Tournières.

Très belles épreuves.

64. D. de Pardaillan de GONDRIN D'ANTIN, évêque (70). — Mme KELLER (77). — H. RIGAUD, peintre (111). — Le MÊME PERSONNAGE (112). 4 portraits in-4 et in-fol., d'après H. Rigaud.

Très belles épreuves.

65. M. ROLLIN, abbé général de l'ordre des chanoines réguliers de Saint-Ruf (114). — A. de VILLE, directeur de la Machine de Marly (124). 2 portraits in-4.

Très belles épreuves.

DREVET (PIERRE-IMBERT).

66. BERNARD (Samuel), fameux financier, d'après H. Rigaud. Grand in-fol. (11).

Très belle épreuve avec les travaux sur les lumières de la main gauche, mais avant les mots : *conseiller d'État*, ajoutés par la suite sur la tablette, aux qualités du personnage.

67. Bossuet (Jacques-Benigne), en pied, d'après Rigaud. In-fol. (12).

Très belle épreuve avec deux points à la suite du mot *pinxit*. Marge.

68. Dubois (Guillaume), cardinal, d'après H. Rigaud. In-fol. (15).

Très belle épreuve.

DREVET (Cl.).

69. Milon (Alexandre), évêque de Valence, d'après H. Rigaud. In-fol. (11).

Très belle épreuve du 1er état : avant que la date de la gravure *1740*, laquelle n'est indiquée que par les deux premiers chiffres « 17 », ait été complétée. Rare.

DROUAIS le fils (D'après).

70. Béthune (Les fils du Duc de). — Turenne (Les enfants du Prince de), représentés enfants, les premiers tenant un petit chien, les seconds faisant danser une marmotte. 2 portraits in-fol. obl. gravés par Beauvarlet et Melini.

Très belles épreuves.

DUFLOS (Cl.).

71. N. Alexandre, célèbre dominicain. — Ch.-M. Le Tellier, archevêque de Reims. 2 portraits in-fol., d'après Herluison et Mignard.

Très belles épreuves.

DUPUIS (C.).

72. N. Coustou, sculpteur. — N. de Largillière, peintre. — Ph. Wouwermans. 3 portraits in-fol.

Très belles épreuves.

DYCK (Ant. van).

73. Snellincx (W. 10), 4e état. — Waverius (18). 2 eaux-fortes du maître.

Très belles épreuves.

DYCK (D'après Ant.).

74. J.-B. Barbé, 2e état. — M. Pepyn. — M. Mirevelt, 3e état. — D. Tuldenus, 3e état. — P. Snaeyers, 1er état. — R. Van Voerst, 4e état. 6 portraits par Bolswert et autres graveurs pour l'éditeur M. Van den Enden.

Très belles épreuves.

74 *bis*. C. Columna, 1er état. — G. de Crayer, 1er état. — G. Gevartius, 2e état. — Gustave-Adolphe. — C. Van der Geest. — C. Hugens. 6 portraits gravés par P. Pontius, pour l'éditeur M. Van den Enden.

Très belles epreuves.

75. Marie de Médicis, 2e état. — P. Pontius. — P.-P. Rubens, 4e état. — Ravesteyn, 2e état. — C.-A. Scaglia, 2e état. — A. Van Stalbent. — H. Steenwyck, 1er état. — S. de Vos, 2e état. 8 portraits gravés par P. Pontius, pour l'éditeur M. Van den Enden.

Très belles épreuves.

76. W. Coeberger. — H. Vanden Eynden, 2e état. — H. Gentileschi, 4e état. — P. de Jode, 4e état. — C. de Mallery, 1er état. — N. Fabrice de Peiresc. — P. Stevens, 4e état. 7 portraits gravés par Vorsterman pour l'éditeur M. Van den Enden.

Très belles épreuves.

77. A. van Ertevelt, 1er état. — M. Ruthen. — P. de Jode. — A. de Tassis, 1er état. — P. de Moncade. — Wolfang Guillaume. — Marie d'Autriche, 1er état. — J. Meyssens. — Pappenheim, 1er état. — Henriette-Marie, 2e état. — Ch. Emmanuel, 1er état. — Robert, Comte palatin, 1er état. — A. de Zuniga, 1er état, etc. 22 portraits par divers graveurs pour les éditeurs G. Hendricx, Meyssens et autres.

Très belles épreuves.

ÉCOLE ALLEMANDE.

78. J. Bathoni, prince de Transylvanie. — Rodolphe II, empereur des Romains. — Léopold, empereur des Romains. — N. J. Honight, consul. 4 portraits in-fol., gravés par Sadeler, Natalis et Valck.

Très belles épreuves.

78 *bis*. Christine, reine de Bohême. — Marie-Jeanne, archiduchesse d'Autriche. — Marie-Louise, infante d'Espagne. — Meine-Sie Wiegerin. 4 portraits in-fol., gravés par Bause, Faucci et Schmidt.

Très belles épreuves.

79. Ch.-Emmanuel de Savoie. — Prince Eug. de Savoie. — Maréchal de Schomberg. 3 portraits in-fol., gravés par Basi, Gunst et Houbraken.

Très belles épreuves; le portrait du maréchal de Schomberg est avant la lettre.

80. Bause, graveur. — A. Graff, peintre. — A. Kauffmann, peintre. — Quinkard, peintre. — C. Troost, peintre. 5 portraits in-fol., par Klauber, Muller, Schultz et Houbraken.

Très belles épreuves; le portrait de Bause est avant la lettre.

81. Christine, reine de Bohême. — Bause, graveur. — Graff, peintre. 3 portraits in-fol., gravés par Bause, Klauber et Müller.

Très belles épreuves, le portrait de Graaf est avant la lettre.

ÉCOLE ANGLAISE.

82. Portrait d'un Colonel de hussards, à cheval. Pièce in-fol., publiée en 1815.

Très belle épreuve avant toutes lettres, tirée en bistre, la figure en couleurs.

82 *bis*. Bartolozzi, graveur. — R. Boyd, gouverneur de Gibraltar. — R. Cosway. — Lord Lovat. — R. Smirke, graveur. 5 portraits in-fol., gravés par Hogarth, Hall, Daniell et Picart.

Très belles épreuves, le portrait de Bartolozzi est avant la lettre.

ÉCOLE HOLLANDAISE.

83. Marie de Médicis. — Gustave-Adolphe et Christine, debout de chaque côté d'une draperie. — Favereau. — J. Catz. — J. Gouter. 5 portraits in-4° et in-fol., gravés par Bloemaert, Livens et Matham.

Très belles épreuves, le portrait de Marie de Médicis est avant la vue d'Amsterdam.

84. Saint Augustin. — Saint Charles Borromée. — Saint François de Sales. — Le Pape Clément IX. 4 portraits in-fol., gravés par P. de Jode, L. Vissher et Hall.

Très belles épreuves, le portrait du pape Clément IX est avant la lettre.

EDELINCK (Gérard).

85. De Blye (J.-B.), premier président au parlement de Tournay, d'après Ladam. In-fol. (R. D. 179).

Très belle épreuve. Très grande marge.

86. Evrard (Ph.), avocat au Parlement de Paris, d'après Tortebat. In-fol. (198).

Superbe et rare épreuve du 2e état : avant l'adresse de Bligny. Très grande marge.

87. Dryden (John), célèbre poète anglais, d'après Kneller. In-fol. (187).

Très belle épreuve; marge. Très rare.

88. Ferdinand, prince-évêque de Paderborn et de Munster, d'après Michelin. In-fol. (203).

Très belle et rare épreuve du 1er état : avant les mots « *E. Typographia Regis* », à la suite des inscriptions sur l'autel.

89. Feuillet (N.), chanoine de Saint-Cloud, d'après Compardel. In-fol. (204).

Très belle épreuve.

90. Gobinet (Ch.), principal du Collège du Plessis, à Paris. In-fol. (215).

Très belle épreuve.

91. Ch. Le Brun (238). — H. Rigaud (303). 2 portraits in-fol. gravés d'après N. de Largillière et Rigaud.

Très belles épreuves.

92. Léonard (F.), premier imprimeur du Roi, d'après H. Rigaud. In-fol. (242).

Très belle épreuve. Marge.

93. Saint-Georges (Cl. de), archevêque de Tours, puis de Lyon. In-fol. (307).

Superbe épreuve.

94. Savary (M.), évêque de Seez, d'après Ferdinand. In-fol. (315).

Très belle épreuve.

95. Simon (P.), graveur au burin, d'après P. Ernou. In-fol. (320).

Très belle épreuve du 2e des quatre états décrits : avant toute adresse.

96. Soucy (M. *Lepeletier*, seigneur de), intendant des finances, d'après Van Oost. In-fol. (322).

Superbe épreuve. Très grande marge.

97. Tallemant (P.), de l'Académie Française, d'après Coypel. In-fol. (324).

Très belle épreuve du 1er état : avant que le second hémistiche, du deuxième vers « *nature bien choisie* » ait été remplacé par celui-ci « *traits dont l'âme est saisie.* » Rare.

98. Ant. Arnauld, 1er état (108). — Ant. Furetière (209). — Louis XIV (255). — N. Parfaict (288). 4 portraits in-fol.

Très belles épreuves.

99. Ch. Gottvaldt (217). — Comte de Kaunitz (228). — La Fontaine (230). — Duc de Luxembourg (263). — Madame de Miramion (275). — J. de la Quintinie (236). — Jeanne d'Autriche, etc. — 11 portraits in-fol. et in-4°.

Très belles épreuves.

EDELINCK (Gaspard).

100. Langeron (G. P. *Audran de*), de *Maulvrier*, abbé général de St-Antoine, d'après L. de La Mare. In-fol.

Superbe épreuve. Rare.

FALK (J.).

101. Czasniki (Prince Adam), maréchal de la Noblesse. In-fol.

Superbe épreuve avant le nom du graveur et l'adresse de l'éditeur. Très rare.

102. Horn (G.), comte de *Biornebourg*... d'après D. Beck. In-fol.

Très belle épreuve. Grande marge.

FESSARD (E.).

103. Audran (Benoît II), graveur. — Et. F. de Choiseul, duc de *Choiseul-Amboise*, ministre et secrétaire d'État. — P. d'Albert de Luynes, cardinal, archevêque de Sens. 3 portraits in-fol.

Très belles épreuves.

FIÉSINGER.

104. Mirabeau (H. G. *Riquetti* De), d'après Guérin. In-fol.

Superbe épreuve tirée sur fond teinté vert. Très rare.

GAILLARD (R.).

105. F. Castanier, receveur général des finances. — G. et H. de Grandjean, chirurgiens-oculistes du Roi. 3 portraits in-fol.

Très belles épreuves.

GREEN (V.).

106. Boydell (John), graveur et éditeur d'estampes, gravé à la manière noire d'après Josia Boydell. In-fol.

Très belle épreuve.

GRIGNON (J.).

106 *bis*. Vallot (Antoine), premier médecin du Roi Louis XIV. In-fol.

Très belle épreuve Grande marge.

GRIGNON et BOULANGER

107. Jone, résident de Genève. — J. J. Olier, supérieur du Séminaire de Saint-Sulpice. — Benoise, conseiller au Parlement. 3 portraits in-fol.

Très belles épreuves.

HOPNER (D'après J.).

108. Payne (John Willitt.), amiral, in-fol. gravé à la manière noire.

Très belle et rare épreuve lettres grises.

HURET (G.).

109. Anne d'Autriche. — Louis XIII. — Louis XIV et son frère, enfants. — Louis XIV jeune. — Le cardinal Mazarin. 5 portraits in-fol ; les quatre premiers décorent des frontispices.

Très belles épreuves.

HONDIUS (H.).

110. Henri IV, roi de France. In-fol.

Très belle épreuve. Marge.

JODE (A. et P. de).

111. Evertsen (Jean), amiral. — Evertsen (Cornelis), amiral. 2 portraits in-fol.

Très belles épreuves. Marges.

KILIAN et MULLER.

112. G. Winctler. — J. Neyen, Franciscain, d'après Mierevelt. 2 portraits in-fol.

Très belles épreuves ; le portrait de Neyen est avant l'adresse de Cl. de Jonghe.

KLAUBER (J.).

113. Stroganoff (Alexandre comte de), d'après le chevalier Lampi. In-fol.

Très belle épreuve. Toute marge.

LANDRY (P.).

114. H. Arnauld, évêque d'Angers. — R. Bérenger de Lorraine, abbé d'Harcourt. — N. Colbert, évêque de Luçon, puis d'Auxerre. 3 portraits in-fol.

Très belles épreuves.

LARMESSIN (N. IV de).

115. Louis XV, roi de France, à cheval, d'après Parrocel. In-fol.

Très belle épreuve.

116. G. Coustou, sculpteur. — Cl. Hallé, peintre. — Ph. Vleughels, 3 portraits in-fol.

Très belles épreuves. Grandes marges.

M. LASNE et ROUSSELET.

117. M. Le Tellier, garde des sceaux. — Ch. de Valois, duc d'Angoulême. — Le cardinal Mazarin. — Le cardinal Richelieu. 4 portraits in-fol.

Très belles épreuves.

LAUNAY (N. de).

118. J. E. de Coetlosquet, ancien évêque de Limoges. — Le Bloy, abbé de Clairveaux. 2 portraits in-fol. d'après Roslin.

Superbes et rares épreuves avant toutes lettres.

LEMPEREUR (L.).

119. P. L. Buyrette de Belloy, auteur dramatique, deux épreuves dont une est à l'état d'eau-forte. — Ch. Jeaurat, peintre. — J. Moreau, seigneur de *Séchelles*, ministre d'État. Ensemble 4 portraits in-fol.

Très belles épreuves.

LENFANT (J.).

120. Baudrand de Pradel, substitut de la cour des aides de Paris. — L. Boucheret de Compans, conseiller du Roi. — W. Blasset, architecte. — Cousebans de Harlem, député de Hollande. 4 portraits in-fol.

Très belles épreuves.

121. P. de Bouzy, archevêque de Toulouse. — L. Goyon de Matignon, évêque de Lisieux. — G. de Seve de Rochechouart, abbé de Saint-Michel, puis évêque d'Arras. 3 portraits in-fol.

Très belles épreuves.

122. P.-A. du Cambout de Coislin, évêque d'Orléans. — R. de Marillac, avocat général au grand Conseil. — A. Pajot, premier président en la cour des monnaies. 3 portraits in-fol.

Superbes épreuves.

123. Gilles LE MAISTRE, 2 épreuves dont l'une est avant la lettre. — J. D'AUVERGNE. — J. B. D'HERVILLY. Ensemble 4 portraits in-fol.

Très belles épreuves.

124. G. LE MAISTRE, sieur de Ferrières. — LOMÉNIE DE BRIENNE, secrétaire d'État. — W. MARTINEAU, lieutenant-général de la ville d'Angers. 3 portraits in-fol.

Très belles épreuves.

LÉPICIÉ (B.).

125. LA ROQUE (Antoine de), d'après Watteau. In-fol. obl. (De G. 17).

Très belle épreuve. Marge.

126. N. BERTIN, peintre. — L. DE BOULLONGNE, peintre. — Cl. CAPPERONIER, philologue. — P. GRASSIN, directeur général des monnaies. 4 portraits in-fol.

Très belles épreuves.

LOCHON (R.).

127. LORRAINE (Claude de), *Duc de Chevreuse*, d'après J. d'Egmont. In-fol.

Très belle épreuve.

LOMBART (P.).

128. DELAFOND (N.), connu sous le nom de Gazetier de Hollande, d'après Gascard. In-fol.

Très belle épreuve.

129. Portrait d'un Prince de la Maison de Lorraine, enfant?

Superbe épreuve avant toutes lettres. Très rare.

130. P. DE LA MOUCHE, auditeur des comptes, échevin de la Ville de Paris. — V. NEVELET, conseiller au Parlement. 2 portraits in-fol.

Très belles épreuves.

LOVERY (R.).

131. CHOISEUL (Etienne-François, duc de) en pied, gravé à la manière noire, d'après L.-M. Vanloo. In-fol.

Superbe épreuve. Rare.

MASSON (A.).

132. P. DUPUIS, peintre de fleurs (R. D. 25). — FRÉDÉRIC GUILLAUME, *dit le Grand*, électeur de Brandebourg (30). 2 portraits in-fol. et in-4°.

Très belles épreuves.

133. G. DE BRISASCIER (15), secrétaire des commandements de la Reine. — P. DUPUIS (25), peintre. 2 portraits in-fol. d'après N. Mignard.

Bonnes épreuves.

134. DUPUY (Alexandre) marquis de *Saint-André Montbrun*, d'après de Seve. In-fol. (R. D. 26).

Très belle épreuve. Marge.

135. GUI PATIN, médecin (59). — CH. PATIN, médecin (60). 2 portraits in-fol.

Très belles épreuves, le portrait de Gui Patin est avant l'adresse du graveur.

136. TURGOT DE SAINT-CLAIR (Antoine), maître des requêtes. In-fol. (66).

Très belle épreuve.

MELLAN (CL.).

137. ANNE D'AUTRICHE. — N. FOUQUET, surintendant des Finances. — J. HABERT DE MONTMORT, trésorier de l'Extraordinaire des Guerres. — V. LE BOUTHILIER, archevêque de Tours. — R. DE LONGUEIL, seigneur de *Maisons*, ministre d'État. — H. DE MESMES. président du Parlement. 6 portraits in-fol.

Très belles épreuves.

MOITTE (P.-E.).

138. Marquis de BERINGHEN, premier écuyer du roi, gouverneur de Chalon-sur-Saône. — Ch. F. HENAULT, historien. — J. LE ROY, horloger du Roi. — J. RESTOUT, peintre. 4 portraits in-fol.

Très belles épreuves.

MORIN (J.).

139. ANNE D'AUTRICHE, reine régente de France, d'après Ph. de Champaigne. In-fol. (R. D. 41).

Très belle épreuve. Grande marge.

140. R. ARNAULD D'ANDILLY, conseiller du Roi (42). — G. DE CHOISEUL DE PLESSIS PRASLIN, évêque de Comminges (50). 2 portraits in-fol., d'après Ph. de Champaigne.

Très belles épreuves; le portrait de Gilbert de Choiseul est du 1er état : avant que les inscriptions, dans la bordure, aient été enlevées.

141. P. BERTHIER, évêque de Montauban (44). — TH. BRACHET DE LA MILLETIÈRE, conseiller du roi (44). — N. CHRISTYN (51). — J. FRANQUE, peintre (52). 4 portraits in-fol., d'après Ph. de Champaigne, Van Dyck et Franck.

Très belles épreuves.

142. ARNAULD D'ANDILLY (42). — BRACHET DE LA MILLETIÈRE (48). — P. CAMUS (49). — M. DE MARILLAC (66). 4 portraits in-fol.

Très belles épreuves. Grandes marges.

143. HENRI II, roi de France, d'après Janet. In-fol. (59).

Très belle épreuve.

144. HENRI IV, roi de France, d'après Ferdinand. In-fol. (60).

Très belle épreuve.

145. Henri de LORRAINE, comte d'HARCOURT, grand écuyer de France (58). — P. MAUGIS DES GRANGES, conseiller et maître d'hôtel du Roi (67). 2 portraits in-fol., d'après Ph. de Champaigne,

Très belles épreuves.

146. J. Mazarin, cardinal et ministre d'État (68). — N. de Netz, évêque d'Orléans (70). 2 portraits in-fol., d'après Ph. de Champaigne.

Très belles épreuves; le portrait du Cardinal Mazarin est du 1er état : avant que les inscriptions aient été effacées.

147. Philippe II, roi d'Espagne, d'après le Titien. In-fol. (71).

Très belle épreuve.

148. Omer Talon, avocat général au Parlement de Paris (74). — Dom J. G. Tarisse, général de la Congrégation de Saint-Maur (75). — J. Tubœuf, président de la Chambre des Comptes (80). 3 portraits in-fol., d'après Ph. de Champaigne et Doustau.

Très belles épreuves.

149. Philippe II (71) roi d'Espagne. — Ch. de Thou premier du nom (78). — Duc d'Angoulême (81). 3 portraits in-fol.

Très belles épreuves. Grandes marges.

150. J.-B. Amador, abbé de *Vignerod* (85). — F. de Villemontée, intendant en Poitou, Aunis, etc. (86). — N. de Neufville, marquis de Villeroy, maréchal de France (87). 3 portraits in-fol., d'après Ph. de Champaigne.

Très belles épreuves.

MOYREAU et MÉLINY.

151. P. Émery (Pierre), imprimeur et bibliothécaire de la Société de typographie de Paris. — J.-J. Moyreau, graveur. — J. Brulé, docteur en Sorbonne. — Ch. Pollinchove, premier président au Parlement de Flandres. 4 portraits in-fol.

Très belles épreuves.

MULLER (J.-G.).

152. Galloche (Louis), peintre, d'après L. Tocqué. In-fol.

Deux épreuves dont l'une, superbe, est avant toutes lettres et avant quelques légers travaux, notamment sur la palette où les couleurs sont à peine indiquées.

153. Leramberg (Louis), sculpteur, d'après A. Belle. In-fol.

Superbe épreuve avant toutes lettres.

154. **Wille (J. G.), célèbre graveur, d'après Greuze. In-fol.**

Superbe épreuve avant toutes lettres. Rare.

NANTEUIL (R.).

155. Bailleul (Louis de), président à mortier au Parlement de Paris. In-fol. (R. D. 27).

Très belle épreuve du 2e des quatre états décrits : avec l'année 1658, laquelle, par la suite, fut changée deux fois. Marge.

156. Barberin (Ant.), cardinal, archevêque de Reims. In-fol. (D. 28).

Très belle épreuve. Grande marge.

157. Bouillon (Frédéric-Maurice de *La Tour d'Auvergne* duc de). In-fol. (49).

Très belle épreuve. Marge.

158. Bouthillier (Victor Le), archevêque de Tours, d'après Ph. de Champaigne. In-fol. (54).

Superbe épreuve.

159. Le même personnage. In-fol. obl. (56).

Très belle épreuve. Rare.

160. Castelnau (Jacques, Marquis de), maréchal de France. Petit in-fol. (58).

Très belle épreuve.

161. Charles de Lorraine, Ve du nom. In-fol. (63).

Très belle épreuve.

162. Doni d'Atticby (Louis), évêque d'Autun (83).

Très belle épreuve.

163. Dorieu (Jean), président en la cour des Aides (84).

Très belle épreuve. Très grande marge

164. Enghien (Henri-Jules de *Bourbon,* Duc d'), d'après Mignard. In-fol. (90).

Très belle épreuve.

165. Espernon (Bernard de *Foix de la Valette,* Duc d'). In-fol. (91).

Superbe épreuve du second état : avant les noms et qualités du personnage inscrits dans la bordure. Rare.

166. Fouquet (Basile) abbé de Barbeaux et de Rigny, chancelier des ordres du Roi. In-fol. (97).

Très belle épreuve.

167. Guenégaud (Henri de), marquis de *Plancy*, secrétaire d'État, d'après Ph. de Champaigne. In-fol. (106).

Très belle épreuve du 1er état : avant que le personnage ait été décoré de la plaque de l'ordre du Saint-Esprit.

168. Hesselin (Louis), Conseiller d'État, maître de la chambre aux Deniers. In-fol. (110).

Très belle épreuve du 1er état : avant les inscriptions sur la console. Marge.

169. Juan d'Autriche (Don). In-4° (114).

Très belle épreuve. Fort rare.

170. La Vrillière (Louis-Phelypeaux de), secrétaire d'État. In-fol. (123).

Très belle épreuve. Grande marge.

171. Le Tellier (Michel), Ministre d'État, puis chancelier et garde des Sceaux de France, d'après Ph. de Champaigne. In-fol. (128).

Très belle épreuve.

172. Le même personnage (131).

Superbe épreuve.

173. Gonzague (Louise-Marie de), Reine de Pologne, d'après Juste. In-4° (R. D. 164).

Très belle et rare épreuve du 1er état : avant le point d'ornement en losange, en avant du nom de *Lonyse*, sur la bordure, au milieu du haut.

174. Mazarin (Jules), cardinal, Ministre d'État, dans une bordure carrée ornée de guirlandes de chêne (179).

Superbe épreuve ayant une grande marge. Très rare de cette qualité

175. Nemours (Henri de *Savoie*, Duc de). In-fol. (198).

Très belle épreuve du 1er des trois états décrits : avant les inscriptions sur la bordure et avant que l'année 1651 ait été convertie en 1652. Très rare.

176. Neufville (Ferdinand de), évêque de Chartres. In-fol. (204).

Superbe épreuve du 1er des neuf états décrits : avec l'année 1664 et avant aucun signe après cette date. Très rare.

177. Novion (Nicolas Potier de), premier président au Parlement de Paris. In-fol. (206).

Très belle épreuve du 2e des quatre états décrits : avec l'année 1657, laquelle fut, par la suite, changée deux fois. Marge.

178. Péréfixe de Beaumont (Hardouin de), archevêque de Paris (211). — Le Même personnage (212). 2 portraits in-fol.

Très belles épreuves, le N° 212, est du second état.

179. Retz (Jean-François-Paul de *Gondi*, cardinal de). In-fol. (217).

Très belle épreuve du 1er état : avant réduction de la planche. Excessivement rare. On y a joint une épreuve du second état.

180. Servien (F.), évêque de Bayeux, d'après Ph. de Champaigne. In-fol. (225).

Très belle épreuve du 1er état : avant les inscriptions sur la face de la console, et avant que l'année 1656 ait été convertie en 1657.

181. P. Payen Deslandes, doyen des conseillers-clercs du Parlement de Paris (210). — F. Servien, évêque de Bayeux (225). 2 portraits in-fol.

Très belles épreuves, le portrait de Servien est du 1er état.

182. Steenberghen (Jean-Baptiste Van), conseiller du roi au Conseil de Flandre, d'après Duchastel. In-fol. (226).

Superbe épreuve du 1er des quatre états décrits : avant divers changements, notamment avant que le nom de *Duchastel* soit précédé des abréviations : *Nob. D. F.*

183. Suze (Louis-François de), évêque de Viviers. In-fol. (227).

Très belle épreuve du 1er état : avant les éraillures et les taches sur le fond d'entourage.

184. Dreux d'Aubray (25). — Mme Bouthelier (57). — Chamillard (59). — Gillier (102). — Mme Gillier (103). 5 portraits in-fol.

Très belles épreuves.

185. Comte de Guebriant (104). — Hesselin (109). — Jeannin (112). M. Le Masle (126). — Lotin de Charny (151). — Payen-Deslandes (210). 6 portraits in-fol.

Belles épreuves.

186. Les quatre évangélistes (7.), 3e état. — D. Blondel, ministre protestant et historien (41). — J. Fronteau, chanoine de Sainte-Geneviève (99). 1er état. — P. Lallemant, prieur

de Sainte-Geneviève (117), 1er état. — P. DE MARIDAT DE SERRIÈRES, conseiller au grand Conseil (168). 5 portraits in-4° et in-8°.

Très belles épreuves.

187. LOTIN DE CHARNY. — P. SÉGUIER. — HARDOIN DE PÉRÉFIXE. — SAINT BRISSON, etc. 6 portraits in-fol. et in-4°.

Belles épreuves.

PESNE (J.).

188. BARRÉ (Le Révérend Père Nicolas), prédicateur, sur son lit de mort. — F. LANGLOIS dit *Ciartres*, libraire et marchand d'estampes. — N. POUSSIN, peintre. 3 portraits in-fol. d'après Van Dyck et N. Poussin.

Très belles épreuves.

PETIT (G. E.).

189. M. H. BACHELIER, seigneur de Montcel, lieutenant criminel de Robe au Châtelet de Paris. — H. CH. ARNAUD DE POMPONNE, aumônier du Roi. — E. TITON DU TILLET, littérateur. 3 portraits in-fol.

Très belles épreuves.

PICART (E.).

190. B. DE LA GUICHE, comte de *Saint-Géran*, lieutenant-général des Armées du Roi. — L. POTIER de GESVRES, évêque de Bourges. — F. DE TALLEMANT, aumônier du Roi. 3 portraits in-fol.

Très belles épreuves.

PITAU (N.).

191. WRANGEL (Ch. Gust.), général suédois. Petit in-fol.

Superbe épreuve avant toutes lettres et avec l'écusson blanc des armoiries sur le haut de la couronne de laurier. Marge.

192. J. FAVIER DU BOULAY, maître des requêtes. — C. LILIO DE CAMERINO, historien italien. — B. PRIOLO, historien. 3 portraits in-fol. et in-4°, d'après Ph. de Champaigne.

Très belles épreuves ; le portrait de Priolo est avant la lettre.

POILLY (N. DE).

193. ENGHIEN (Henri-Jules de *Bourbon-Condé*, Duc d'), d'après Mignard. In-fol.

Très belle épreuve. Très grande marge.

194. G. DE BEAUVAU, évêque de Nantes. — H. DE BOURBON, Duc de *Verneuil*, fils naturel de Henri IV. — F. MONTEIL DE GRIGNAN, archevêque d'Arles. 3 portraits in-fol.

Très belles épreuves.

POILLY (LES).

195. P. LE MOYNE, jésuite. — N. PARFAICT, abbé de Bouzouville. — R. POTIER, Duc de Tresmes, capitaine des Gardes du Corps. — J. VINCENT, imprimeur-libraire. — Ch. EDOUARD STUART, le prétendant. 5 portraits in-fol.

Très belles épreuves.

PONTIUS (P.).

196. J. ROÉLANS, sénateur d'Anvers. — N. Z. ROÉLANS. — A. VORSTIUS, médecin. — Z. DE METZ, évêque. 5 portraits in-fol., d'après Wilbors et Pétri.

Très belles épreuves.

RECLAM (F.).

197. PRUSSE (Frédéric-Henri-Charles, prince de). — PRUSSE (Fl.-Ch.-Ulrique de Brunswik, princesse de), sa femme. 2 portraits in-fol.

Très belles épreuves. Grandes marges.

REGNESSON (N.).

198. L'Abbé J. GOUSSAULT, conseiller-clerc. — Le cardinal MAZARIN. — WULSON DE LA COLOMBIÈRE, 3 portraits in-fol.

Très belles épreuves.

REYNOLDS (D'après Sir JOSHUA).

199. *The Right Honorable Sir James* HARRIS, ministre plénipotentiaire, gravé mi-partie à la manière noire, mi-partie au pointillé, par C. Watson. In-fol.

Très belle et rare épreuve avant le titre de : *Lord Malmesbury.*

ROULLET (J. L.).

200. HENRI Marquis de BÉRINGHEN, premier écuyer du Roi. — Hilaire CLÉMENT, procureur au Parlement. — J. CHAILLOU DE TOISY, docteur en Sorbonne. — J. DELPECH, conseiller au Parlement. — A. PHILLARMIN, cardinal archevêque de Naples. 5 portraits in-4° et in-fol.

Très belles épreuves.

SCHMIDT (J. G. F.).

201. COCCEJI (Samuel, baron de), homme d'État et jurisconsulte allemand, d'après Ant. Pesne. In-fol.

Très belle épreuve. Grande marge.

202. FRÉDÉRIC III, électeur et premier roi de Prusse. In-4.

Très belle épreuve. Grande marge.

203. LA TOUR (Maurice Quentin de). Peintre-pastelliste, d'après lui-même. In-fol.

Médaillon ovale posé sur un chevalet.
Très belle épreuve. Grande marge.

204. LE CHAMBRIER (François), maire de la ville de Neufchâtel. — LE CHAMBRIER (Jean, Baron) envoyé et ministre plénipotentiaire de S. M. le Roi de Prusse. Deux portraits in-fol. d'après Rigaud et Lundberg.

Très belles épreuves.

205. MIGNARD (Pierre), premier peintre du Roy, d'après H. Rigaud. In-fol.

Superbe épreuve du second état : avant l'astérisque, au milieu de la marge inférieure; elle est très fraîche et a une petite marge. Très rare de cette qualité.

206. **Pesne** (Antoine), peintre, d'après lui-même. In-fol.

Très belle épreuve. Très grande marge.

207. **Schuwalow** (Pierre, comte de). Petit in-fol.

Très belle épreuve. Très rare.

208. **Silva** (Jean-Baptiste), docteur-régent de la Faculté de médecine de Paris, d'après H. Rigaud. In-fol.

Très belle épreuve.

209. **Splitgerber** (David), banquier allemand, d'après J.-M. Falbe. In-fol.

Très belle épreuve. Grande marge.

210. J. **Bernouilli**, mathématicien suisse. — *J. Offray* de La Mettrie, médecin. — Ch.-G[el] de *Tubières* de Caylus, évêque d'Auxerre. 3 portraits in-fol. et in-4°.

Très belles épreuves. Grandes marges.

SCHMUTZER.

211. **Diétricy** (E.), peintre, d'après lui-même. In-fol.

Superbe et rare épreuve avant toutes lettres.

SCHUPPEN (F. van).

212. **Despont** (L'abbé Philippe). Théologien. In-fol.

Superbe épreuve.

213. **Este** (Renaud d'), cardinal, fils d'Alphonse III, duc de Modène. In-fol.

Superbe épreuve. Marge.

214. **La Gardie** (Magnus-Gabriel de), chancelier de Suède. Petit in-fol.

Superbe et rare épreuve avant toutes lettres.

215. **Louis XIV**, roi de France, d'après N. Mignard. In-fol.

Très belle épreuve ayant une grande marge. Rare.

216. HOUEL DE MORAINVILLE. — P. MERCIER. — J. VERJUS. 3 portraits in-fol. et in-4.

Très belles épreuves.

217. MERCIER (Pierre). — VERJUS (Jean), prédicateur. 2 portraits in-fol. et in-4.

Très belles épreuves.

218. Th. BIGNON. — Cl. BAZIN. — BORDIER. — Marquis d'ANGLURE. — A. LANGLOIS. — 5 portraits in-fol.

Très belles épreuves.

219. Ch. M. LE TELLIER, archevêque de Reims. — P. DE MARCA, archevêque de Paris. — G. DE SÈVE DE ROCHECHOUART, évêque d'Arras. 3 portraits in-fol. d'après Le Febure, Van Loo et Mignard.

Très belles épreuves.

220. H. GODET DES BORDES, conseiller du Roi. — M. LE TELLIER, chancelier de France. — F. ZWILLING, dit de BESSON, capitaine d'une compagnie des gardes suisses. 3 portraits in-fol.

Très belles épreuves.

221. G. DE LA VIE, avocat général au Parlement de Bordeaux. — LEFÈVRE DE CAUMARTIN. — J. VERJUS. — Comte de WISINGSBORG. 5 portraits in-4.

Très belles épreuves.

222. F. DE HARLAY, archevêque de Paris. — DE LIGNY, évêque de Meaux. — DE MOUCHY, prêtre de l'Oratoire. — E. TEISSIER, général de l'ordre des Trinitaires. — Portrait d'un cardinal. 5 portraits in-fol.

Très belles épreuves.

SIMONEAU (L.)

223. P. BIGNON, abbé de Saint-Quentin, bibliothécaire du roi. — V. DE CHARMOIS, directeur de l'Académie de peinture. 2 portraits in-fol. d'après S. Bourdon et H. R. Rigaud.

Très belles épreuves, le portrait de De Charmois est avant toutes lettres.

SUIDERHOEF (J.).

224. JEAN SANS PEUR, duc de Bourgogne. — F. DE MONCADE. 2 portraits in-fol. d'après P. Soutman et Van Dyck.

Très belles épreuves.

225. PHILIPPE II, roi d'Espagne, d'après Ant. Moro. In-fol.

Superbe épreuve du 1er état : avant le numéro.

SUIDERHOEF ET BARY.

226. J. BEENIUS. — J. VAN ROUBERG. — S. SIMONIDES. 3 portraits in-fol. et in-4, d'après van Uliet, Eversdyck et J. de Banc.

Très belles épreuves. Marges.

SURUGUE (L.).

227. E. F. GEOFFROY, médecin. — J. C. VERDUN, peintre, — N. VLEUGHELS, peintre, par Gallimard. 3 portraits in-fol.

Très belles épreuves. Grandes marges.

TROUVAIN (A.).

228. R. A. HOUASSE, peintre. — J. JOUVENET, peintre. — Cl. F. MÉNÉTRIER, jésuite. — C. MOLINET, bibliothécaire de l'abbaye de Sainte-Geneviève. — P. ROUILLÉ, lieutenant général de la table de marbre. 5 portraits in-fol.

Très belles épreuves, les portraits de Houasse et de Molinet sont avant les dédicaces.

TARDIEU (J.-N.).

229. BON DE BOULONGUE, deux portraits différents. — R. LE LORRAIN, sculpteur. Ensemble 3 portraits in-fol.

Très belles épreuves.

230. GALLITZIN (Dimity Prince de), d'après Drouais. In-fol.

Très belle épreuve. Très grande marge.

VERMEULEN (C.).

231. Broglie (Ch.-Amédée de), comte de Revel, maréchal de France, d'après H. Rigaud. In-fol.

Très belle épreuve.

232. P. Vincent Bertin. — J.-B. Boyer d'Aiguilles. — J. Roettiers. 3 portraits in-fol. d'après N. de Largillière et H. Rigaud.

Très belles épreuves.

233. Louis XIV. — H. Meyercron, diplomate Danois. 2 portraits in-fol., d'après Geurlin et H. Rigaud.

Très belles épreuves.

VISSHER (C.).

234. Nassau (Jean-Maurice, comte de), d'après Honthorst. In-fol. (Sm. 105).

Superbe épreuve du 1er état. Rare.

VISSHER (L.).

235. Marie-Thérèse, reine de France, d'après Van Loo. In-fol.

Très belle et rare épreuve du 1er état : avant l'adresse de Rochefort. Grande marge.

WALKER (W.).

236. Raeburn (sir H.), célèbre peintre anglais, d'après lui-même. In-fol.

Très belle épreuve, grande marge. Rare.

WARD (W.).

237. Saint-Georges (Monsieur de), célèbre escrimeur, gravé à la manière noire, d'après le tableau de Brown conservé à l'Académie d'Angelo. In-fol.

Très belle épreuve. Rare.

WILLE (J. G.).

238. Singlin (Antoine de), supérieur de la maison de Port-Royal des Champs, d'après Ph. de Champaigne. In-4° (Le Bl. 113 *bis*).

Deux épreuves dont l'une superbe et très rare est avant toutes lettres.

239. **Saxe** (Maurice de), maréchal de France, d'après H. Rigaud. In-fol. (121).

Très belle épreuve.

240. **Loewendal** (Woldemar de), maréchal de France, d'après de la Tour. In-fol. (122).

Superbe épreuve d'un tout 1er état non décrit : le médaillon seul, avant les motifs d'architecture qui l'entourent. Excessivement rare.

241. **Phelypeaux** (Louis), comte de *Saint-Florentin*, secrétaire d'État, d'après J. L. Tocqué. In-fol. (124).

Très belle et très fraiche épreuve ayant une grande marge.

242. **Le même Portrait.**

Très belle épreuve.

243. **Berryer** (Nicolas), lieutenant de police de la Ville de Paris, d'après J. de Lyen. In-fol. (127).

Superbe épreuve avant la lettre, mais avec les armes ; marge. Très rare.

244. **Sartine** (A. R. J. Gualbert-Gabriel de), lieutenant de police de la Ville de Paris. In-fol.

Cette estampe est la même que la précédente, la tête du personnage a été refaite par Chevillet et les inscriptions ont été changées. Très belle épreuve.

245. **Massé** (Jean-Baptiste), peintre, d'après L. Tocqué. In-fol. (130).

Superbe épreuve du 1er état : avant toutes lettres. Fort rare.

246. **Galles** (Charles, Prince de), d'après L. Tocqué. In-fol. (148).

Très belle épreuve. Rare.

247. **Louis XV**, roi de France. — **Frédéric II**, roi de Prusse. 2 portraits in fol., gravés d'après Le Moyne et Ant. Pesne.

Très belles épreuves.

248. **Louis XV**, buste sur un piédouche (105). — P. **Tencin**, cardinal, comte de Lyon. — C. E. **Briseux**, architecte. 3 portraits in-fol. et in-4.

Très belles épreuves.

YOUNG (J.).

249. **Marin** (Vicomte de), gravé à la manière noire, d'après De Tott. In-fol.

Très belle épreuve. Rare.

PORTRAITS DE FEMMES

(XVIIIᴱ SIÈCLE)

ANSELIN (J.-L.).

250. POMPADOUR (Jeanne-Antoinette *Poisson*, marquise de), d'après C. Vanloo. Petit in-fol.

Sous la rubrique : « *La Belle Jardinière* », a mi-corps à droite, tenant de la main gauche des fleurs de lis et, au bras droit, un panier de fleurs.

Très belle épreuve; elle est très fraiche et a une grande marge Rare de cette qualité.

BALÉCHOU (J.-J.).

251. AVED (A.-Charlotte *Gauthier de Loiserolle*, Mme), d'après Aved, son mari. In-fol.

En buste, dans un ovale recouvert en partie par une draperie, elle est vue de trois quarts à gauche, la tête nue avec des perles dans les cheveux.

Très belle épreuve d'un 1er état non décrit : avant la mention « *Peint par Aved, gravé et présenté par Baléchou, son ami* », au dessous des noms et qualités du personnage et avant que les lettres de l'inscription relatant ces noms et qualités aient été renforcées; la marge inférieure est couverte de salissures de burin. Excessivement rare.

252. LOISEROLLE (Mlle *Gauthier* de), sœur de Mme Aved, d'après Aved. In-fol.

A mi-corps, vue de face, assise et coiffée d'un large chapeau, elle file avec un rouet placé sur ses genoux.

Superbe épreuve avant toutes lettres, la tablette couverte de salissures de burin. Très rare.

BEAUVARLET (J.-F.).

253. BARRY (Marie-Jeanne de *Vaubernier*, comtesse du), d'après Drouais. Petit in-fol.

Assise en costume de chasse, le corps légèrement penché en avant, dans un médaillon ovale équarri.

Superbe et rare épreuve avant la lettre.

254. Pompadour (Jeanne-Antoinette *Poisson*, marquise de), d'après C. Vanloo. In-fol.

En sultane, assise sur une ottomane, une négresse lui présente une tasse de café.

Très belle épreuve. Très grande marge.

BEAUVARLET et CARS (L.).

255. Clairon (Hippolyte de *La Tude*), d'après C. Vanloo. Très grand in-fol.

Dans le Ve acte de *Médée*, elle est assise dans un char enveloppé de nuages, un poignard dans la main droite, tandis que de la gauche elle agite un brandon enflammé.

Très belle épreuve.

BONNET (L.).

256. Provence (Marie-Josèphe-Louise de *Savoie*, comtesse de). Gravé à la manière du pastel, probablement d'après Drouais. In-fol.

En buste, de trois quarts à droite, dans un ovale tronqué reposant sur une tablette.

Très belle épreuve ayant une grande marge. Très rare.

BONNEVILLE (F.).

257. Marie-Antoinette, archiduchesse d'Autriche, reine de France. In-8.

En buste dans un médaillon ovale, cheveux relevés recouverts d'un turban orné de plumes.

Très belle épreuve. Marge.

BOIZOT (M.-L.-A.).

258. Artois (Marie-Thérèse de *Savoie*, comtesse d'), d'après L.-S. Boizot. In-fol.

En buste, de profil à gauche, dans un ovale retenu par un nœud de rubans enguirlandé de fleurs.

Très belle épreuve. Très grande marge.

CATHELIN (L.-J.).

259. Provence (Marie-Joséphine-Louise de *Savoie*, comtesse de), d'après Drouais. In-4.

En buste, de trois quarts à gauche, regardant de face dans un médaillon ovale surmonté d'une couronne de fleurs et accroché à une planche rectangulaire.

Superbe et rare épreuve avant toutes lettres. Grande marge.

CHEREAU (F.).

260. Chéron (Elis-Sophie), peintre français, d'après elle-même. In-fol.

Assise, tête nue et maintenant, de sa main gauche sur ses genoux, des feuilles de papier sur lesquelles elle dessine.
Très belle épreuve. Marge.

261. Sabran (Louise-Charlotte de *Foix Rabat*, M^se de), d'après Vanloo. In-fol.

Vue jusqu'à la ceinture, très décolletée, tenant dans ses deux mains une colombe placée sur un coussin.
Superbe épreuve. Très grande marge.

262. Prie (Agnès *Berthelot de Pleneuf*, marquise de), d'après Vanloo. In-fol.

Assise tête nue dans un jardin, elle est accoudée, du bras droit, sur un coussin et tient sur son doigt un oiseau qui chante.
Très belle épreuve. Marge.

CHEVILLET (J.).

263. Hannetaire (Eugénie), actrice, d'après Legendre. In-fol.

Vue jusqu'aux genoux dans un médaillon ovale, elle est représentée jouant de la harpe dans son rôle de « *La Jeune Sultane, acte II, scène...* »
Très belle épreuve.

264. Le même personnage.

Même composition que la précédente, mais en contre-partie et dans une bordure carrée.
Très belle épreuve.

DAULLÉ (J.).

265. Caylus (Marg. de *Valois*, de *Villette*, de *Murcay*, comtesse de), d'après H. Rigaud. In-fol. (De L. 84.).

A mi-corps, dans un encadrement de pierres, coiffé d'un bonnet de dentelles, elle semble retenir d'une main, sur sa poitrine, un camail bordé de fourrures.
Très belle épreuve.

266. Favart (M^le-J^ne-Benoite *Duronceray*, Mme), de la Comédie-Italienne, d'après C. Vanloo. In-fol. (18).

En pied, dans le rôle de Bastienne.
Très belle épreuve tirée avant la mention : *Portrait de Mme Favart.* Très grande marge.

DAULLÉ (J.).

267. FEUQUIÈRES (Cath.-Marguerite *Mignard*, comtesse de), d'après P. Mignard. In-fol. (47).

En muse, debout et de face, la main gauche relève sa jupe, tandis que la droite, tenant une trompette de la Renommée, s'appuie sur une table où se trouve un cadre contenant le portrait de son père.
Très belle épreuve avec toute sa marge. Rare de cette qualité.

268. MARIE-JOSÈPHE, électrice de Saxe, reine de Pologne, d'après L. de Silvestre. In-4 (41).

Très rare épreuve d'essai, non entièrement terminée, de la tête et du buste seulement; médaillon ovale entouré d'un double filet.

269. NARBONNE-PELET (M.-Antoinette-Diane de *Rosset de Fleury*, vicomtesse de), d'après Latinville. In-fol. (70).

Debout dans un temple, elle tient dans ses mains un vase thuriféraire qu'elle va déposer sur un autel antique.
Très belle épreuve avec l'adresse de Basan. Grande marge.

270. PÉLISSIER (Mlle), de l'Opéra, d'après Drouais. In-fol. (57).

En Flore, assise dans la campagne sur des rochers.
Superbe épreuve avec la 1re adresse, celle dé Drouais, laquelle, par la suite, fut changée deux fois.

271. La même estampe.

Très belle épreuve avec l'adresse de Basan.

DAULLÉ ET RAVENET.

272. LAVERGNE (Mlle, nièce de M. *Liotard*), d'après Liotard. Grand in-fol.

Assise sur une chaise et lisant une lettre qu'elle tient dans ses mains, elle est vue à mi-corps, tête nue, de trois quarts à gauche vêtue d'un élégant costume dont le corsage est lacé sur le devant.
Magnifique épreuve, avant toutes lettres, de ce charmant portrait, un des plus jolis du XVIIIe siècle; elle est, dans cet état, d'une extrême rareté étant, à notre connaissance, la seconde connue.

DESPLACES (L.).

273. DUCLOS (Marie-Anne de Chateauneuf Mlle), actrice de la Comédie-Française où elle succéda à la Champmeslé, d'après N. de Largillière. In-fol.

Dans le rôle d'Ariane, debout, très décolletée, les bras demi-nus et étendus ; un Amour suspend au-dessus de sa tête une couronne d'étoiles lumineuses, tandis que de l'autre main, il tient une couronne de lauriers et un masque à travers l'œil duquel est passé un sceptre.
Très belle épreuve. Marges.

274. Titon (Marguerite *Bécaille,* veuve), d'après N. de Largillière. In-fol.

En costume de veuve, à mi-jambes, assise dans un fauteuil.
Très belle et rare épreuve avant toutes lettres, avant de nombreux travaux et avant que la bordure inférieure ait été terminée.

275. La même estampe.

Très belle épreuve avec la lettre.

DOSSIER (M.).

276. Noyret de la Ravoye (Anne *Varice Vallière,* Mme), d'après H. Rigaud. In-fol.

En Pomone, à mi-jambes, assise sur un banc de pierre adossé à un tronc d'arbre; derrière elle Vertumne sous les traits d'une vieille femme.
Très belle épreuve. Grande marge.

DREVET (P.).

277. Lambert (Marie de *Laubespine,* Mme), d'après N. de Largillière. In-fol. (F. D. 81).

A mi-jambes, assise dans un fauteuil richement sculpté, elle tient sur ses genoux un carlin qui appuie sa tête sur le bras droit de sa maitresse.
Très belle épreuve tirée avant que l'indication de la rue, dans l'adresse, ait été supprimée. Rare.

278. Nemours (Marie *d'Orléans,* appellée Demoiselle de Longueville, duchesse de), d'après H. Rigaud. In-fol. (115).

A mi-jambes assise dans un fauteuil.
Très belle épreuve. Marges.

279. Rigaud (Maria *Serre,* Mme), d'après H. Rigaud son fils. In-fol. (110).

En buste, vue de face, dans un médaillon très richement orné, la tête est couverte d'une étoffe drapée avec art et retombant par derrière.
Belle épreuve. Marge.

DREVET (P.-I.).

280. Lecouvreur (Adrienne), de la Comédie-Française, d'après Ch. Coypel. In-fol. (F. D. 24).

Dans le rôle de Cornélie, à mi-jambes, vue debout et de face dans un médaillon ovale reposant sur un socle; elle tient dans ses mains, contre sa poitrine, l'urne funéraire contenant les cendres de Pompée.
Superbe épreuve du 2e état, dit avec la faute : avant qu'un *e* ait été ajouté au mot modèle, lequel est écrit « *model* ». Très rare.

DREVET (Cl.).

281. Le Bret (Marguerite Henriette *de La Briffe* Mme), d'après H. Rigaud. In-fol. (9).

En Cérès, à mi-jambes, assise sur un tertre dans la campagne, elle tient dans sa main gauche des fleurs mélangées à des épis, dans la droite une faucille.
Très belle épreuve. Grande marge.

282. La même estampe.

Très belle épreuve. Petite marge.

DUPONCHELLE.

283. Marie-Antoinette, reine de France. In-4°.

En buste, de trois quarts à gauche, médaillon ovale reposant sur une tablette armoriée.
Belle épreuve imprimée en rouge. Grande marge.

EARLOM (R.).

284. Ruben's (Wife), gravé à la manière noire, d'après Rubens. In-fol.

En pied, de trois quarts à gauche, derrière elle un page, dans le fond, un carrosse attelé de deux chevaux.
Très belle épreuve.

EDELINCK (N.).

285. Sévigné (Marie de *Rabutin-Chantal,* marquise de), d'après R. Nanteuil. In-18.

En buste, dans un ovale tronqué sur les côtés et supporté par un socle.
Très belle épreuve. Rare.

FISCHER.

286. Polignac (Yde Mte Gelle de *Polastron,* duchesse de), d'après Mme Lebrun. Grand in-4°.

En buste, de trois quarts à droite dans un ovale, la tête légèrement inclinée, elle est coiffée d'un bonnet dont les brides se nouent sous le menton.
Très belle épreuve. Rare.

GAILLARD (R.).

287. Galitzine (Catherine *Cantemir*, princesse), d'après Vanloo. In-fol.

Vue jusqu'aux genoux assise dans un fauteuil, le coude droit appuyé sur un clavecin, elle tient dans sa main la patte d'un chien bouledogue couché sur ses genoux.

Très belle épreuve ayant une grande marge. Rare.

GIFFART (P.).

288. Maintenon (Françoise *D'Aubigné*, M[se] de). In-fol.

En buste, dans une bordure ovale équarrie supportée par un socle et ornée, aux angles, de médaillons emblématiques.

Très belle épreuve. Marge.

HUBER (J.-J.).

289. Oligny (Mlle d'), actrice de la Comédie-Française, d'après M. Vanloo. Petit in-fol.

Dans l' « *École des mères, acte II, scène IX* », à mi-corps dans un médaillon ovale équarri décoré des attributs de la Comédie.

Très belle et très fraîche épreuve ayant une grande marge. Rare de cette qualité.

LANCRET (D'après N.).

290. Dangeville, la jeune (Marie-Anne *Botot* Mlle), de la Comédie Italienne, d'après Pater. In-fol.

En Thalie, debout en pied, dans la campagne, entourée de génies revêtus de divers habits comiques.

Très belle épreuve du 1er état : avant que la tête ait été agrandie et avant que l'adresse de la veuve Chereau ait été remplacée par celle de Surugue. Marge.

291. Camargo, célèbre danseuse de l'Opéra, par de Larmessin. In-fol. (E. B. 17).

En pied, dans un paysage, ébauchant un pas de danse.

Très belle épreuve avec la première adresse, celle de la veuve Chereau, laquelle fut, plus tard, remplacée par celle de Surugue; le coin droit a été rapporté.

292. Grandval, de la Comédie-Française, par J. Ph. Le Bas. In-fol. (38).

Debout dans un parc, son chapeau sous le bras et tenant un livre à la main.

Très belle épreuve.

293. SALLÉ (Mlle), célèbre danseuse, par N. de Larmessin. In-fol. (71).

En pied, dans une campagne, ébauchant un pas de danse, les bras étendus.

Très belle épreuve d'un 1er état non décrit : avec les adresses de l'auteur et de la veuve Chereau, lesquelles, plus tard, furent remplacées par celle de Surugue ; le coin droit est rapporté.

LARMESSIN (N. DE).

294. MARIE LECZINSKA (Cath.-Soph.-Félicité), reine de France, d'après Vanloo. In-fol.

En buste, dirigée vers la gauche, dans un médaillon ovale sur fond rectangulaire.

Très belle épreuve.

LEMPEREUR (L.).

295. LECOMTE (Marguerite), d'après H. Watelet. In-8.

En buste, de profil à droite, dans un médaillon rond fixé par un ruban a une planche rectangulaire.

Très belle épreuve. Marge.

LÉPICIÉ (B.).

296. DESMARES (Charlotte), actrice de la Comédie-Française, d'après Coypel. In-fol.

A mi-corps, dans un médaillon ovale équarri reposant sur un socle ; elle tient, de la main gauche, un masque que traverse un poignard.

Très belle et rare épreuve avant toutes lettres et avant les changements apporté, par la suite, dans la chevelure et dans la figure, laquelle a été sensiblement rajeunie ; au verso un essuyage de la planche.

297. La même estampe.

Très belle épreuve avec la lettre.

298. DUFRESNE (Catherine de Seine, Mme), de la Comédie-Française, d'après Aved. In-fol.

Rôle de Didon, debout à mi-jambes dans un médaillon ovale équarri.

Superbe et très rare épreuve avant toutes lettres.

LÉPICIÉ (R.-ÉLISABETH-MARIE).

299. COYPEL (Marie-Jeanne *Bidault*, Mme), d'après Ch. Coypel, son mari. In-fol.

Sous la rubrique : « *La Jeunesse sous les habillements de la décrépitude* », assise dans un tonneau d'osier, des bésicles dans une main et ayant passé autour du bras le cordon d'une béquille.

Superbe épreuve avec une grande marge.

LINGÉE (C. L.).

300. RAUCOURT (F. *Clairien* Mlle), de la Comédie-Française, d'après S. Freudeberg. In-fol.

En buste, dans un médaillon ovale équarri et ornementé ; sur la tablette inférieure, une vignette la représente dans son rôle de *Mithridate, scène II, acte V*.
Très belle épreuve. Très grande marge.

LONGUEIL (DE).

301. MAREILLES (P. B. de *Létancourt*, Comtesse de), d'après Ch. Eisen. In-4.

En buste, dans un petit médaillon ovale enguirlandé de roses par un Amour et une jeune femme habillée à l'antique (Vénus?), assise sur une balustrade.
Superbe épreuve, avant les vers, de cette charmante pièce. Très rare.

MICHEL (J.-B.).

302. CLAIRON (Hippolyte de *La Tude*), actrice de la Comédie-Française, d'après Pugin de Saint-Aubin. In-fol.

Rôle de Médée dans la pièce de ce nom ; médaillon ovale équarri.
Très belle épreuve avec une grande marge.

303. DANGEVILLE (Marie-Anne *Botot*, Mme) de la Comédie-Française, d'après Pugin de Saint-Aubin. In-fol.

Dans les « *Mœurs du temps, comédie de M. Saurin, scène XIV* » ; médaillon ovale équarri.
Très belle épreuve avec marge.

304. PRÉVILLE (Mad.-Mich.-Angélique *Drouin*, Mme), actrice de la Comédie-Française, d'après Colson. In-fol.

Rôle de « *Dupuis et Déronais, acte III, scène II,* » médaillon ovale équarri.
Très belle épreuve.

MULLER (J.-G.).

305. MULLER (Mme J.-G.), d'après Tischbein. In-fol.

Sous la rubrique : « *La Tendre mère* ».
Très belle épreuve. Marge.

NATTIER (D'après J.-M.).

306. BOCCAGE (Mme du), d'après de Goncourt ou la Duchesse de CHARTRES, d'après certains iconographes. Gravé par Malœuvre. In-fol.

Sous la rubrique : « *Flore à son lever* », assise sur des nuages elle répand des fleurs sur son passage.
Très belle épreuve.

307. CHATEAUROUX (Marie-Anne de *Mailly-Nesles*, duchesse de), par Baléchou. In-fol. obl.

Sous la figure allégorique de la Force, à mi-jambes, vue de trois quarts et assise; la main gauche tient une épée nue et la droite une torche enflammée.
Très belle épreuve. Toute marge.

308. Le même personnage, par Malœuvre. In-fol.

Sous la rubrique : « *La Nuit passe, l'Aurore parait* », en déesse portée sur une nuée, elle répand des fleurs sur son passage.
Superbe épreuve avant la lettre, ayant une très grande marge. Très rare de cette qualité.

309. La même estampe.

Très belle épreuve ayant une très grande marge.

310. LES QUATRES FILLES DE LOUIS XV représentées sous les figures allégoriques des quatre éléments :
MARIE-ADÉLAÏDE (L'Air), par Beauvarlet.
MARIE-LOUISE-THÉRÈSE-VICTOIRE (L'Eau), par Gaillard.
LOUISE-ÉLISABETH (La Terre), par Baléchou.
MARIE-HENRIETTE (Le Feu), par Tardieu.

Suite de 4 pièces. In-fol. obl.
Superbes épreuves ayant de très grandes marges; collection du Duc de Cambridge. Très rares à trouver réunies et de cette qualité.

311. MARIE-HENRIETTE DE FRANCE (Le Feu), par J. Tardieu. In-fol. oblong.

Très belle épreuve ayant une très grande marge.

312. MARIE LECKZINSKA, reine de France. — Mme Lse-ÉLISABETH DE FRANCE, duchesse de PARME (La Terre). — Mme Mle HENRIETTE DE FRANCE (Le Feu), 3 portraits in-fol. gravés par Tardieu et Baléchou.

Très belles épreuves, les portraits de Marie Leckzinska et de la princesse Henriette sont sans marges.

313. **Mailly** (Louise-Julie de Nesles, Comtesse de), suivant certains iconographes, Mme de Beaujolais suivant d'autres. Gravé par Henriquez. In-fol.

Sous la rubrique « *la Chasseuse aux cœurs,* » assise sur un tertre dans la campagne, essayant sur son doigt la pointe d'une flèche, pour s'assurer qu'elle n'est pas émoussée.

314. **Pompadour** (Jeanne-Antoinette *Poisson*, marquise de), par Voyez le jeune. In-fol.

Sous la rubrique : « *Mme de... en flore* », vue de face, jusqu'aux genoux, assise sur un tertre, tenant une guirlande de fleurs dans les mains.

Très belle épreuve.

PETIT (G.-E.).

315. **La Boissière** (M.-G.-L. de *La Fontaine Solare* de), d'après Q. De La Tour. In-fol.

Accoudée à un large balcon de pierre, tête nue, les mains cachées dans un manchon.

Très belle épreuve. Grande marge.

316. **Marie-Thérèse d'Autriche**, Impératrice d'Allemagne, d'après D. Meytens. In-fol.

A mi-corps, en très riche costume, dans une bordure ovale équarrie supportée par un socle.

Très belle épreuve. Très grande marge.

PFEIFFER.

317. **Fulger** (Hortense). Petit in-fol.

Médaillon ovale.

Superbe épreuve avant toutes lettres. Très rare.

ROUSSEAUX (E.).

318. **Sévigné** (Marie de *Rabutin-Chantal* M^ise de), d'après le pastel de Nanteuil appartenant à Mme de Laubepin. In-fol.

En buste, dans un ovale équarri supporté par un socle.

Superbe épreuve avant la lettre, sur chine.

318 *bis*. La même estampe.

Très belle épreuve avec la lettre, sur Chine.

SAINT-AUBIN (Par et d'après A. DE).

319. MARQUISE DE *** (Adrienne Sophie). (*Mme de Breteuil.*)
BARONNE DE *** (Louise Emilie). (*Louise Nicolle Godeau femme d'Augustin* de Saint-Aubin).

En bustes, de profil, l'une à gauche, l'autre à droite dans des médaillons ovales décorés de divers attributs et encastrés dans des encadrements rectangulaires reposant sur des tablettes, où se lisent deux vers. Grand in-4 (E. B. 7 et 173).

Superbes épreuves, de ces deux charmants portraits ; elles sont avec le nom de Saint-Aubin tracé à la pointe et avant toute adresse ; grandes marges. Très rares de cette qualité.

320. POMPADOUR (Jeanne-Ant. *Poisson*, Marquise de), d'après C. N. Cochin. In-8.

En buste, de profil à droite, dans un médaillon ovale fixé sur une planche rectangulaire par un anneau et un nœud de rubans.

Superbe et rare épreuve avant le nom de Marmontel sur la tablette.

SCHMIDT (G. F.).

321. GRAPENDORFF (Louise-Albertine de *Brandt*, baronne de), d'après B. N. Le Sueur. In-fol.

Médaillon ovale soutenu dans les airs par un Amour tandis qu'un génie, aux grandes ailes, l'enguirlande de fleurs.

Superbe et rare épreuve du 1er état : avant les noms des artistes. Rare.

SURUGUE (L.).

322. MONCHY (Mme de), Dame d'honneur de la Duchesse de Berry, d'après C. Coypel. In-fol.

Sous la rubrique : « *Mad de ** en habit de bal* » assise de côté dans un fauteuil, regardant de face les bras croisés et un masque dans la main gauche.

Superbe épreuve ayant une grande marge.

323. SILVIA (Jeanne *Benozzi* dite), actrice de la Comédie Italienne, d'après De La Tour. In-fol.

A mi-corps, assise près d'une fenêtre, regardant de face.

Très belle épreuve. Grande marge.

TARDIEU (J.).

324. Lafont (Mme Sophie-Louise Wilhelmine de), actrice, d'après R. B. de la Pierre, 1769. In-fol.

Assise de trois quarts à droite, regardant de face et tenant un livre à la main.
Très belle épreuve. Rare.

TASSAERT.

325. Corday (*d'Armans*, Marie-Anne Charlotte), d'après Hauer. In-fol.

Debout, à mi-jambes à une fenêtre rectangulaire, elle est coiffée d'un chapeau à rebords et tient dans la main droite un couteau, dans la gauche un éventail ; on voit dans la marge inférieure un petit médaillon où elle est représentée frappant Marat.
Superbe épreuve avec la tablette blanche au-dessous de l'appui de la fenêtre. Rare.

TROUVAIN (Ant.).

326. Le Petit (Denise *Camusat*, Mme Pierre).

A mi-corps, dans un ovale équarri, la tête couverte d'une dentelle et d'un voile retombant sur les épaules.
Superbe épreuve avant la lettre; l'écriture dans la tablette est de la main du Roi Louis-Philippe. (Note de M. Soliman Lieutaud.) Grande marge.

VALÉE (S.).

327. Loison (veuve de messire Pierre Le Cornu, chevalier, seigneur de la Boissière), d'après F. de Troy. In-fol.

En Vénus, elle est assise dans un char en forme de coquille, près d'elle l'Amour tenant dans ses mains une colombe.
Très belle épreuve.

328. Pecoil (Cath.-Marie *Legendre*, Mme), d'après Rigaud, 1706. In-fol.

Assise sur un tertre auprès d'un arbre, de la main droite elle s'appuie sur l'épaule d'un négrillon lui présentant une corbeille, tandis que de l'autre elle cueille des fleurs.
Très belle épreuve ayant une grande marge.

VERMEULEN (C.).

329. TASSIS (Maria-Louisa de), d'après Ant. van Dyck. In-fol.

Très belle épreuve.

WATTEAU (D'après ANT.)

330. VERMANTHON (Mme de), nièce de M. de Julienne, par B. Audran, In-fol.

Assise sur un tertre, dans la campagne, en costume de chasseresse. Très belle épreuve. Marge.

WILLE (J. G.).

331. ÉLISABETH AUGUSTA, femme de *Charles-Théodore*, Électeur et Comte Palatin, d'après Ziesenis. Petit in-fol. (Le Bl. 155).

En buste, tournée vers la gauche et regardant de face, dans une bordure ovale surmontée de la couronne d'électeur.

Très belle épreuve tirée avant que les noms des artistes, qui se lisent au bas de la planche, aient été reportés sous le médaillon. Marge.

332. LARGILLIÈRE (Marguerite-Elisabeth de), d'après N. de Largillière, son pere. In-fol. (Le Bl. 146).

A mi-corps, tête nue et élégamment coiffée, elle semble, du bras droit, vouloir ouvrir son vêtement; médaillon ovale reposant sur un socle.

Belle épreuve.

332 *bis*. RIGAUD (Élisabeth de *Gouy*, Mme), d'après H. Rigaud son mari. In-fol. (145).

A mi-corps, de trois quarts à droite, elle est vue tête nue dans un encadrement architectonique.

Très belle et rare épreuve avant toutes lettres, les inscriptions sont manuscrites.

PORTRAITS IN-4° ET IN-8°

DU XVIE AU XIXE SIÈCLE

XVIe, XVIIe ET XVIIIe SIÈCLES

ACTEURS ET ACTRICES

333. Mlle COLOMBE, l'aînée. — Mme JULIEN. — JOSEPH MENIER. 3 portraits grand in-4°, gravés par Coutellier.

Très belles épreuves imprimées en couleurs.

334. Collection de 12 portraits in-4° et in-8° d'acteurs français et étrangers ayant vécu dans le courant du XVIIIe siècle : J. CAILLOT. — Mlle CLAIRON. — Mlle CAMARGO. — J. HARTUNG. — KLINGMANN. — LEKAIN. — JOH. PACCO. — C. WUIET, etc.

Très belles épreuves.

COSWAY (D'après R.).

335. EON (Chevalière D'), en femme, par Th. Chambers. In-8°.

Superbe et rare épreuve avant la lettre. Grande marge.

DAULLÉ (J.).

336. H. F. D'AGUESSEAU, chancelier de France (Del. 1). — Ch. de BASCHI, marquis *d'Aubaïs* (7). — G. de LAMOIGNON, premier président du Parlement de Paris (27). — J.-F. PUYSÉGUR, maréchal de France (66). 4 portraits in-4°

Très belles épreuves ayant de grandes marges.

337. G.-L. de BERGHES, évêque, épreuve tirée avant que la planche ait été découpée en ovale. — Le Père M. PALLU de la Compagnie de Jésus, épreuve avant toutes lettres, état non décrit (54). — Le MÊME PERSONNAGE (55). 3 portraits in-4° et in-8°.

Très belles épreuves, la première pièce est non décrite.

338. J. Astruc (3). — J.-B. Chomel (12). — A. Fabebt (17). — Fénelon (19). — P. Hecquet (25). — Maréchal (59). — De Maupertuis (45). — Nonotte (49). — Duc d'Orléans (53). — Cardinal de Polignac (63). — J.-A. Seyxas (73). — Sirera (75). — Cl. Thiboust (83). — C. Vanloo (86). — G. de Vintimille (87). 14 portraits in-4° et in-8°.

Très belles épreuves.

DELVAUX (R.).

339. Partie de son œuvre :

Bacon. — Bossuet. — Condillac. — P. Corneille. — Th. Corneille. — Duclos. — Fénelon, 2 portraits différents. — De Foe. — Fontenelle. — Frédéric II. — Gentil Bernard. — Gessner, 2 portraits différents. — Haüy. — La Bruyère, 2 portraits différents. — La Fontaine. — Massillon. — Piron. — L. Racine. — Rollin. — J.-J. Rousseau. — Dame Grecque, etc. 37 portraits in-8° et in-12.

Très belles épreuves avant et avec la lettre, le portrait de La Bruyère est à l'état d'eau-forte.

DELAULNE (Attribué à Et.).

340. Guise (François, duc de). In-8°.

Très belle épreuve tirée avant la réduction de la planche.

DIVERS.

341. Henri II. — G. du Faure de Pibrac. — Ph. Strozzi. — Caroline de Lorraine. — F. de Scepéaulx, etc. 7 portraits in-8, gravés par Et. Delaulne, Rabel, Crisp. de Passe et Woeriot.

Très belles épreuves. Rares.

342. Duc d'Alençon. — Cath. de Médicis. — Charlotte de Bourbon. — M. de Castellan. — Duc de Guise, le Balafré. — Le Cardinal de Guise. — Charlotte de La Tremouille, etc. 18 portraits in-8 et in-18 par J. Grauthome, G. Isaac et autres artistes.

Très belles épreuves.

343. Louis XIII. — Marie de Médicis. — Lamberdière. — M. de Castellan. — Cl. Lebrun. — G. de Machaut, etc. 9 portraits in-8, gravés par G. Isaac, Picart et Fornazèris.

Très belles épreuves.

344. D. Allard. — Cl. Bullion. — P. de Fabry. — Frère S. Dissy.— A. Fremin. — Cardinal de La Rochefoucaud. —F. de Molières. P. de La Serre. — G. du Faure de Pibrac. — S. Rouillard. 10 portraits in-8 gravés par Cl. de Mallery, J. Picart, Regnesson et autres artistes.

Très belles épreuves.

345. Catherine De Bar. — L'abbé de Rancé, 3 portraits différents. — Poilly, etc. 9 portraits in-4 par Drevet, Pitau et Roullet.

Très belles épreuves.

346. Cl. de Bullion. — A. Fremiot. — L. du Garnier. — P. de Gondy. — H. de Gondy. — P. Habert. — La Vrillière. — T. Lhermitte. — M. de Marillac. — G. d'Orléans. — Cardinal de Richelieu. — F. de Paule. — Sillery, etc. 19 portraits in-4 et in-8, par Montcornet, C. de Passe et autres artistes.

Très belles épreuves.

347. Louis XIV, 12 portraits différents. — Marie-Thérèse. — Le Dauphin. — Duc de Bourgogne. — Duc de Berry. — Duc du Maine. — Duc de Conti. — Ph. d'Orléans. — Condé. — Jacques II, etc. 26 portraits in-4 et in-8.

Très belles épreuves.

348. Colbert. — Louvois. — Mazarin. — Mlle de La Vallière. — Turenne. — Gustave-Adolphe. — Gustave III. — Phelypeaux de La Vrillière, etc. 31 portraits in-4 et in-8 gravés par Landry, Poilly, Rousselet et Vermeulen.

Très belles épreuves.

349. A. Arnauld. — B. Andrieu. — Le Père Anselme. — A. Baillet. L'abbé Blaise. — Boileau. — St. Charles Borromée. — L. Bordelon. — H. Féret. — De Hauranne. — De Gomzé. — Jansénius. — St Vincent de Paule. — Quesnel. — Abbé de Rancé. — De Vernage. 25 portraits in-4 et in-8 gravés par Chereau, N. Edelink, Gantrel, Lochon et Pitau.

Très belles épreuves.

350. N. BOILEAU. — P. BOUDAN. — BOUTEMIE. — P. BREBIETTE. — CASSINI. — COYZEVOX. — DE BOZE. — DUFRESNE. — LA LANDE. J. LE PAUTRE. — CH. MAVELOT. — MEZETIN. — F. POERSON. N. POUSSIN. — QUINAULT. — RÉGNIER. — H. RIGAUD. — P. SEVIN. 18 portraits in-4 et in-8, gravés par Boutemie, N. Edelink, Le Pautre, Pitau et autres artistes.

Très belles épreuves.

351. LOUIS XV, 16 portraits différents. — LE DAUPHIN. — Le Duc DE BOURBON. — Le Duc D'ORLÉANS. — Allégories sur la mort du DAUPHIN et de la DAUPHINE. Ensemble 22 portraits in-4 et in-fol. gravés par L. Cars, Chereau, Massard et Tardieu.

Très belles épreuves.

352. L'abbé AUBERT. — N. BROCAS. — G. BRUTÉ. — F. COPETTE. — L'abbé DICQUEMARE, 3 épreuves différentes. — Cardinal FLEURY. — DU MESNES. — DE LA CONSY. — A. DE LA CROIX. — A. DE MAROULE. — Le diacre PARIS. — L'abbé PLUCHE. — L'abbé de VINAY. — Cardinal WINSLOW. 8 portraits in-4 et in-8.

Très belles épreuves avant et avec la lettre.

353. S. BOCQUART. — CRAMOISY. — TITON DU TILLET. — Mlle CLAIRON. — CHEVALIER D'ORLÉANS. — C. LOVRY. — TALLEMANT. — D'ARGENVILLE, etc., 18 portraits in-4.

Très belles épreuves.

354. AUGUSTE-GUILLAUME. — AUGUSTE-FERDINAND. — FRÉDÉRIC-HENRI-LOUIS, Prince de Prusse. — STANISLAS-AUGUSTE. — GEORGES III. — Duc de BIRON — DE BOISEY. — L. DE BELLOY. — Cte DE BONNEVAL. — Marquis DE FIEUX. — P. DE MAILLARD. — Marquis DE MIRABEAU. — Mis MONTEYNARD. — Mal DE SAXE. — Mis DE SAINT-AUBAN. — Cte DE SOUVIGNY. — 19 portraits in-4 et in-8.

Très belles épreuves.

355. D'ARGENVILLE. — J.-B. BERTIN. — J. BIGNON. — G. DE BOZE. — PH. CAYEUX. — CARADEUC DE LA CHALOTAIS. — E. DE CLUGNY. — F. DE FORESTA. — JOSEPH LE CAMUS. — R. LE CAMUS. G. ROLLAND. — A. SÉGUIER. — J. SÉNAC. — ET. TURGOT. — Inauguration de la Place Louis XV, par les magistrats de la Ville de Paris. 16 pièces in-4 et in-fol.

Très belles épreuves avant et avec la lettre, quelques unes à l'état d'eau-forte.

356. Mis d'Argens. — G. Boehs. — C. Bourgelat. — La famille Campion. — Cte de Caylus. — L. Gougenot. — R. Le Sage. — F. Lioney. — De Ménard. — Montesquieu. — P. de Mory. — Ch. Panard. — J. Pernetti. — J. Relongue. — J.-B. Rousseau. — Sedaine. — Sayfert. — J. Swieten. — Baron de Trenck. — Vernier, etc. 33 portraits in-4 et in-8.

Très belles épreuves avant et avec la lettre, et à l'état d'eau-forte.

357. Comtesse de Carcado. — Mrs. Cowley. — J. Bignon. — Comte d'Argenson. — De Juvigny. — Le Tourneur. — A. Duport, etc. 12 portraits in-4 et in-8.

Très belles épreuves avant et avec la lettre.

358. F. Boucher. — L'abbé Chappe. — Clairault. — Largillière. — M. de Lowendal. — L'abbé Prevost. — Réaumur. — Restout. — De Troy. — C. Vanloo. — Winslow. 11 portraits in-4 faisant partie de « La *Galerie Française* ou *Portraits des hommes célèbres* », etc., édité chez *Hérissent* en 1771.

Très belles épreuves, huit sont avant la lettre.

359. J. D. Antoine. — A. Bocciardi. — Dandré-Bardon. — N. Hallé. — L. Lémit. — P. Laurent. — N. de Launay. — G. Liotard. — P. Pelletier. — Percenet. — Raynal. — J. P. et A. Rivaltz. — F. Soufflot. — J.-B. Suivée. — Watelet, etc. 23 portraits in-4.

Très belles épreuves avant et avec la lettre et à l'état d'eau-forte.

360. Louis XVI et Marie-Antoinrtte, 8 portraits différents. — Louis XVII. — Madame Royale. — Madame Elisabeth. — Pièces historiques et allégoriques. Ensemble 18 pièces in-4 et in-8.

Très belles épreuves avant et avec la lettre et à l'état d'eau-forte.

361. Cagliostro. — N. Desallier. — Gerbier. — Hyder-Ally. — Duc de Luynes. — De Miromesnil. — Paoli. — G. Perier. — Delisle de Sales. — Comte de Milly. — Alexis Orloff. — Tripier. — Lefranc, 24 pièces in-4 et in-8.

Très belles épreuves, quelques-unes avant la lettre.

362. Collignon. — Condorcet. — L. Faure. — A. Gois. — Fontanieu. — Gay. — Guttenberg. — Helvetius. — La Mettrie. — Letourneur. — Lavater. — Pope. — Poinsinot de Sivry. — J.-J. Rousseau, — Sterne, etc., 27 portraits in-4 et in-8.

Très belles épreuves, avant et avec la lettre, quelques-une s à l'état d'eau-forte.

363. GEMINIANI. — LEGROS. — LE SUEUR. — MANARA. — RICHTER. — SORNE. 6 portraits in-4.

Très belles épreuves.

364. Vignettes, d'après Moreau le J^ne, pour le « *Précis de la Révolution Française* » de Rabaut Saint-Etienne. — Le ci-devant duc d'AIGUILLON. — Pièces historiques. — Caricatures. 12 pièces in-4 et in-8.

Très belles épreuves noires et coloriées; les vignettes de Moreau, sont avant la lettre.

365. DUMAS, HERAULT et FOISSEY sur la même feuille. — DU PORT. — DUTERTRE. — GARRAU. — MARAT. — NECKER. — DE MOLLEVILLE. — SICCARD. — MASSIEU. — RANZA. — STOCKMEYER. — TEYBAS. 16 portraits in-8.

Très belles épreuves.

366. CHARLOTTE CORDAY, 2 épreuves dont une avec remarque. — Cécile RENAULT. 4 portraits in-8, par Arndt et Lips.

Très belles épreuves tirées en noir et en bistre.

367. BAILLY. — P. BLIN. — BONTOUX. — Cte DE CRÉCY. — Mis DE CRILLON. — DEMEUNIER. — CH. ELIE. — GIROT POUZOL. — Baron DE MONTAGUT. — MIRABEAU. — DE ROQUEFORT. — PEGOT. — Poncet DELPECH. — RABAUT SAINT-ETIENNE. — VERGUET. 21 portraits in-4 et in-8, tirés des suites de Dejabin et de Levachez.

Très belles épreuves avant et avec la lettre.

368. BONAPARTE. — ALIBERT. — BARROU. — BAUDIN. — DE BELLEGARDE J.-BLAUW. — A. DUBAYET. — SIR F. FAIRFAX. — Baron VON HOZE. — Baron DE KNESEVICH. — MAZARREDO. — PIE VII. — Amiral DE WINTER. — PICHEGRU. 14 portraits in-4 et in-8.

Très belles épreuves, deux sont imprimées en couleurs.

ÉCOLE ANGLAISE.

369. Viscountess ANDOVER. — Mrs CHOLMONDLEY. — Miss F. KELLY. Prince LUBOMIRSKI. — DUTCHESS of MARLBOROUGH. — Nelly O'BRIEN. — Mme VESTRIS. 8 portraits in-4 et in-8, gravés d'après Cosway, Hopner, Reynolds et autres artistes.

Très belles épreuves, deux sont coloriées.

370. Lord CORNWALLIS. — Lord ERSKINE. — GEORGES II. — Prince de GALLES. — J. MILTON. — MUNGO-PARKE. — H. SWINBURNE. 7 portraits in-4 et in-8 gravés, par Bolt, W. Sharp et C. Watson.

Très belles épreuves avant et avec la lettre.

371. SEB. BACH. — G. HAYDN. — HAENDEL. — VIOTTI. — STUBBS. — BENJ. WEST, etc. 8 pièces in-4 gravées par Bartolozzi, Cardon, C. Watson, etc.

Très belles épreuves.

ÉCOLE ALLEMANDE.

372. JOSEPH II. — Maréchal LOUDON. — BASEDOW. — James COOK. — DIGLINGER. — GRAAFF. — GESSNER. — HAGEDORN. — LIPS. — MANSFELD. — RABENER. — RICHTER, etc. 25 portraits in-8 gravés par Adam, Berger, Kolh, Lips et autres artistes.

Très belles épreuves.

ÉCOLE FLAMANDE.

373. ANGELI. — P. CALDERON. — LÉOPOLD II. — I. de LOYOLA. — Cl. MAUGIS. — B. de MONTGAILLARD. — Duc d'OLIVARÈS. — LE TASSE. — DE WARNSDORFF, etc. 20 portraits in-4 et in-8 gravés par P. Clouwet, C. Galle, P. Pontius, Sadeler et Vorsterman.

Très belles épreuves.

ÉCOLE HOLLANDAISE.

374. BUYCK. — GERRITZ. — Fr. HERMAN. — C. de MOLEBEK. — J. ROLAND. — Baron de SCHWARTZENBERG. — MESNARD SCHOUTOU. — A. SPINOLA. — J. TACQUET. — J. UTEMBOGAERT. etc. 14 portraits in-8 et in-4 gravés par Delft, Matham, Muller, C. de Passe et Suiderhoef.

Très belles épreuves.

EDELINCK (G. et N.).

375. J. BLANCHARD. — N. COEFFETAU. — A. CAMPRA. — FERDINAND, évêque de Paderborn. — Marquis de L'HOSPITAL. — Card. D'OSSAT. — CH. de SAINT-DENIS. — P. de SAINT-RÉMY. — TOURÉEL, etc. 13 portraits in-4 et in-8.

Très belles épreuves.

GAUCHER (C.-S.).

376. Partie de son œuvre :

Du Paty (B. 52). — Du Paty (53). — Fénelon (59), 2e état. — Fréron (64) 2e état. — Gail (66). — Mme de Graffigny (69). — Halley (75), avant t. let. — Le Prince H. de Prusse (78). — P. Hoen (79), avant et avec la lettre. — Lassus (91). — Louis XVI, dauphin (102). — Marc-Aurèle (108), eau-forte pure et avec lettre. — L. de Marillac (113). — Marmontel (114). — Newton (122), avant la lettre non terminée et avec lettre. — Nicole (123). — Pascal (127). — Série de 11 portraits pour les Poètes Français, épreuves avant et avec la lettre et à la tablette blanche. — Racine (136). — Racine (137), avant la lettre. — Le Roi René, avant la lettre. — Portraits de Personnages Suisses, avant et avec la lettre. — Tieulle (148). — Duc de Vendome (149), eau-forte et avec lettre. — Saint Vincent de Paul. — Charles Ier. — Femme coiffée d'un casque (266). — Planches de médailles Grecques (274). Ensemble 53 pièces in-4 et in-8.

Très belles épreuves ayant la plupart de très grandes marges.

GAULTIER (L.).

377. Henri IV, deux portraits différents. — Henri IV et Louis XIII. — H. de Longueville (Henri *d'Orléans*, duc de), gouverneur de Picardie. 4 pièces in-4 et in-8.

Très belles épreuves.

378. Ayrault. — Prince de Condé. — Duc d'Espernon. — Duc de Joyeuse. — Princesse de Lorraine. — Duc de Mayenne. — Duc de Merceur. — Duc de Montpensier. — Duchesse de Nemours, etc. 11 portraits in-8.

Belles épreuves.

379. P. Ayrault, lieutenant général du Présidial d'Angers. — J. Bérault. — N. Brulart de Sillery, chancelier de France. — Ch. Fauchet, historien. — N. La Framboisière, médecin du Roi. — Masson, avocat au Parlement. — Et. Pasquier, jurisconsulte. — Le Révérend Père F. Petit. — Th. Stapleton. 9 portraits in-4 et in-8.

Très belles épreuves, les portraits de Brulart de Sillery et de La Framboisière sont avec le texte au verso.

GOLTZIUS (H.).

380. Decker (Catherine). In-8 (B. 210).

Très belle épreuve.

381. J. Bol, peintre de Malines (161). — P. Forestus, médecin à Leyde (169). — Niquet (177). — J. de Stradan, peintre de Bruges (187). — Daventer, mathématicien (205). 5 portraits in-8.

Très belles épreuves.

GOURMONT (J. de).

382. Bourbon (Charles de), cardinal, en pied, assis dans son cabinet. In-8.

Très belle épreuve.

HOLLAR (W.).

383. Anne de Boleyn. — Catherine d'Aragon. — Jeanne Seymour. — P. Aretin. — Charles II. — Élis. Hervey. 6 portraits in-4 et in-fol., d'après Holbein et Van Dyck.

Très belles épreuves.

LE PAUTRE et COSSIN.

384. Roupert (Louis), orfèvre. — Le Pautre (Jean), graveur. 2 portraits in-4 et in-8.

Très belles épreuves. Rares.

INGOUF (Junior).

385. Frère Come. — J. de Laporte, 2 épr. avec différences. — Lovy, avant la lettre. — Hue de Miromesnil. — Necker. — J. N. Regnault. — J.-J. Rousseau, eau-forte et terminée. — Poètes Français. 17 portraits in-4 et in-8.

Très belles épreuves.

LEU (Th. de).

386. Beaugrand (Jean de), bibliothécaire et lecteur du Roi. In-8. (R. D. 313).

Très belle épreuve. Marge.

387. Henri de *Lorraine*, duc de Bar, marquis du Pont (306). — R. Chopin, jurisconsulte et avocat au Parlement de Paris (339). 2 portraits in-8.

Très belles épreuves.

388. Conti (François de Bourbon, prince de). In-8 (348).

Très belle épreuve. Marge.

389. Élisabeth de Bourbon, reine d'Espagne, enfant. In-8 (361).

Très belle épreuve.

390. P. Arlensis de Scudalpis, médecin (301). — Henri de Lorraine, marquis du Pont (306). — R. de Birague, cardinal (316). — Ch. Borromée, cardinal (320). — François de Valois, dauphin (371). 5 portraits in-8.

Très belles épreuves.

391. P. Arlensis de Scudalpis, médecin. — P. Ayrail (305). — L. Boursier, sage-femme (324). — B. Brisson, président au Parlement (327). — A. Caron, peintre. 5 portraits in-8.

Très belles épreuves; les portraits de Louise Boursier et de Brisson sont avec le texte au verso.

392. P. de Gondy, archevêque de Paris (375). — Comte d'Enghien (562). — Jacques Ier, roi d'Angleterre (421). — Cl. Opil (420). — Duchesse de Verneuil (501). 5 portraits in-8.

Très belles épreuves.

393. Lesdiguières (François de Bonne, duc de). In-8 (436).

Très belle épreuve avant la retouche.

394. Marguerite de Valois, reine de Navarre. In-8 (449).

Belle épreuve avant la retouche. Excessivement rare.

395. N. Habicot, anatomiste (384). — Henri IV (401). — Henri IV (415). — H. de Montmorency, connétable de France (462). — A. de Murat, conseiller au Parlement de Paris. 5 portraits in-8.

Très belles épreuves; le portrait de Henri IV (415) est avec le texte au verso.

396. Duc de Lesdiguières (438). — Henri IV. — Duc de Nevers (469). — P. Pigray (475). — F. Ranchin (480). 5 portraits in-8.

Très belles épreuves.

397. Ch. de Conzague, duc de Nevers (468). — P. Pigray, chirurgien (475). — F. Ranchin, professeur royal en médecine (480). — L. Servin, avocat général au Parlement de Paris (486). — D. de Saint-Germain, maître des comptes (483). 5 portraits in-8.

Très belles épreuves; le portrait de Pigray est avec le texte au verso.

398. VERNEUIL (Henriette de *Balzac d'Entragues*, duchesse de). In-8 (501).

Très belle épreuve. Marge.

M. LASNE ET CL. MELLAN.

399. L. BERRIER. — P. CAMUS. — Card. MAZARIN. — Card. de RICHELIEU. — Alph. DU PLESSIS, archev. de Lyon. — M. VAIANI. B. BARO. — J. CALLOT. — CH. DORIA. — Lom. de BRIENNE. — Pomp. de BELLIEVRE. — B. TREMBLET, etc. 26 portraits in-8 et in-4.

Très belles épreuves.

MÉDECINS.

400. Collection de 39 portraits in-4 et in-8, très bien gravés, de médecins, chirurgiens, oculistes, etc. Français et Étrangers, ayant vécu dans le courant du XVIIIe siècle :

DE BERGER. — BOUDON. — BOUVART. — BOYVEAU. — LAFFITEAU. — CAMPER. — Frère COME. — DE CROISMARE DE LASSORA. — DAVISSON. — DEGRAVERS. — DESSAULT. — DEMOURS. — Me DUCOUDRAY. — FALCONET. — LA MARTINIÈRE. — LAPEYROINE. — LOUIS. — MISABIN. — PETIT. — PHILIPP. — POMME. — TRONCHIN. — WIDMER, etc.

Très belles épreuves avant et avec la lettre, quelques-unes à l'état d'eau-forte, le portrait de Desault est imprimé en couleurs.

MANSFELD (J. G.).

401. JOSEPH II. — MARIE-THÉRÈSE. — FRÉDÉRIC-CHARLES-JOSEPH, électeur de Mayence. — MAXIMILIEN, électeur de Cologne. — FRÉDÉRIC, comte d'Anhalt. — FERDINAND IV, roi des Deux-Siciles. — Michel de KIENMAYER. — Prince de LICHTENSTEIN, comte de KAUNITZ, etc. 12 portraits in-8.

Très belles épreuves. Très grandes marges.

MOREAU (J.-M.).

401 *bis*. LA BORDE (J. B^n de), premier valet de chambre du Roi, auteur des chansons, d'après Denon. In-8 (E. B. 21).

Très belle épreuve. Marge.

REYNOLDS (D'après SIR J.).

402. Mrs ABINGTON. — Lady CATH. CLINTON, enfant. — Miss KEMBLE. — Miss PRICE, enfant. — M. PHILIP YORKE, enfant. 5 portraits in-4 en pied et en buste gravés à la manière noire et en réduction par S. W. Reynolds.

Très belles épreuves. Toutes marges.

403. Mrs ABINGTON. — Countess of HARRIGTON. — Mrs BILLINGTON. — Mrs SIDDONS. 4 portraits in-4, en pied, gravés en réduction et à la manière noire, par S. W. Reynolds.

Très belles épreuves. Toutes marges.

404. Sir JOS. REYNOLDS. — J. BANKS. — GEORGES, prince of Wales. R. GRENVILLE. — J. LEE. — Duke of LEINSTER. — Lord LIGONIER. — Lord MANNERS. — Duke of ORLÉANS. — Marquis of TAVISTOCK. — M. et Mrs WENWORTH. 12 portraits in-4, en pied et en buste, gravés à la manière noire et en réduction par S. W. Reynolds.

Très belles épreuves ayant toutes leurs marges, la plupart sont lettres grises.

SAINT-AUBIN (A. DE).

405. 25 portraits pour les œuvres complètes de Voltaire, *édition Renouard 1809.*

BOILEAU. — BUFFON. — CATHERINE II. — CHARLES XII. — BOSSUET. — COLBERT. — CONDÉ. — CORNEILLE. — FÉNELON. — HENRI IV. — LA FONTAINE. — Mme DE LA VALLIÈRE. — LEBRUN. — LOUIS XIV. — Mme DE MAINTENON. — MOLIÈRE. — Mme DE MONTESPAN. — NEWTON. — NINON DE LENCLOS. — PASCAL. — PIERRE Ier. — RACINE. — J.-J. ROUSSEAU. — Mme DE SÉVIGNÉ. — TURENNE. Ensemble 33 pièces.

Les portraits de Bossuet, Charles XII, Condé, La Fontaine, Lebrun, Newton, Mme de Sévigné et Turenne sont en doubles états: eau-forte pure et tablette blanche.

Tous les autres portraits, sauf celui de Boileau qui est avec la tablette ombrée, sont avec la tablette blanche.

Les épreuves sont superbes et ont de très grandes marges.

406. CARON DE BEAUMARCHAIS (E. B. 14). — L. CARS, 2e état (35). — MORANT (193). — Marquis DE PAULMY, 2e état (206). — TRUDAINE (256). 5 portraits in-4, d'après Cochin et Le Carpentier.

Très belles épreuves.

SCHMIDT (J. F.).

407. FRÉDÉRIC-GUILLAUME, roi de Prusse. In-8 pour la suite d'Odieuvre.

Superbe et très rare épreuve avant toutes lettres. Marge.

408. J. P. Bignon, bibliothécaire du Roi. — Frédéric-Guillaume, roi de Prusse. — Parrocel, peintre. 3 portraits in-8 faisant partie de la suite d'Odieuvre.

Superbes et rares épreuves du 1er tirage, celui de Schmidt : avant toutes retouches, avec les noms des artistes écrits sous le trait carré, avant que l'année 1627 ait été effacée dans les portraits de Bignon et de Parrocel et avant l'adresse d'Odieuvre. Marges.

SCHUPPEN (P. van).

409. J. Bignon, avocat général au Parlement de Paris. — J. L. Fromentières, évêque d'Aire. — J. Hindret, receveur des consignations. — F. de La Haye, médecin. — Cl. Lingendes, jésuite. — Michel Le Tellier et Louis XIV, face et revers de deux médailles. — M. Le Tellier, archevêque de Reims. — Verjus (Jean), aumônier du Roi. 10 portraits in-4 et in-8.

Très belles épreuves : le portrait de Fromentières est avec le socle blanc.

WIERRIX (Les).

410. Albert, archiduc d'Autriche (Al. 1836). — Isabelle-Claire-Eugénie, infante d'Espagne, sa femme (1951). 2 portraits in-18 faisant pendants.

Superbes épreuves. Remargées.

411. Cl. Aquaviva, général de la Société de Jésus (1857). — F. Boria, troisième général des jésuites (1867). — Innocent IX, pape (1948). — Ev. Mercuranius, général des Jésuites (1983). 4 portraits in-8.

Superbes épreuves.

412. Condé (Louis de *Bourbon*, prince de). In-18 (1874).

Superbe épreuve d'un premier état non décrit : avant *Hieronymus Wirix fecit*. Excessivement rare.

413. Henri III, roi de France. In-8 (1919).

Très belle épreuve.

414. Rodolphe II, empereur d'Allemagne (2019). — Ph. Nutius, imprimeurs à Anvers (2055). — J. Berchmans, de la Société de Jésus. — J. Burgi, astronome. 4 portraits in-8, les deux derniers portraits sont gravés par Mallery.

Très belles épreuves.

WILLE (J. G.).

415. H. Liebaux, géographe (Le Bl. 131). — B. Belidor, inspecteur de l'Arsenal de Paris (133). — F. Quesnay, médecin (139), épreuve avant la dédicace. — F. Chicoyneau, médecin (140). — Charles-Frédéric, roi de Prusse (153) 1er état. — Saïd-Pacha, ambassadeur de la Porte ottomane. 6 portraits in-4 et in-8.

Très belles épreuves.

ZUNDT (M.).

416. Condé (Louis III de Bourbon, prince de).

A mi-corps, de profil à droite, dans une bordure ovale ; on lit au bas de l'estampe : *Louis III de Bourbon, prince de Condé Ludwig... 1568, Mathes Zundt.*

Très belle épreuve. Excessivement rare.

XIXe SIÈCLE

ABBOT (E.).

417. Mme Baretta. — Mlle Bartet. — Q. Beauchart, 2 épr. — Coquelin aîné. — E. Daudet. — Mlle Debelly, 3 épr. — Gambetta. — Mlle Dudlay. — E. de Girardin. — Greppe. — L. Halévy, 2 épr. — Mlle Lloyd. — Csse de Saleron. — Mlle Samary. — O. Uzanne. — Wagner et Liszt, 2 épr. 21 portraits in-4 et in-8.

Superbes et très rares épreuves avant lettres ou à l'état d'eau-forte, tirées sur blanc et sur japon, les pièces doubles sont en différents états.

ACTEURS ET ACTRICES.

418. Collection de 17 portraits, in-4, tirés de la « *Galerie théâtrale* ».

Armand. — Baptiste aîné. — Dazincourt. — Mlle Duchesnois. — Féréol. — Fleury. — Mme Gavaudan. — Mlle Mars. — Me Saint-Aubin. — L. Volnys, etc.

Très belles épreuves, treize sont très soigneusement coloriées du temps. Marges.

419. Collection de 50 portraits, gravés et lithographiés d'acteurs et d'actrices, ayant illustré la scène française dans le courant du XIXe siècle :

Bouffé. — Bertin. — Capoul. — Chenard. — Debureau. — Duprez. — Fleury. — C. Grisi. — Geffroy. — Grassot. — Laferrière. — Lhéritier. — Mlle Mars. — Rachel. — Raffile. — Renard. — Roger. — Mme Stolz. — Talma, etc.
Très belles épreuves avant et avec la lettre, noires et coloriées.

BELLAY (Ch.) et BOULARD.

420. A. Armand. — P. Baudry. — J.-F. Bellay. — Ch. Bellay. — A. Cochin. — Hébert. — H. Patin. — Picot. — C. Saint-Saëns. — V. Schnetz. — Mme Adam. — J. Dupré. — *Portraits de femmes*. Ensemble 14 pièces.

Superbes épreuves avant la lettre, tirées sur blanc et sur japon.

BURNEY.

421. Ph. Burty. — Cornudet. — L. Halévy. — Dr Paradis. — A. Theuriet, 2 épr. Ensemble 7 pièces in-4.

Superbes épreuves avant la lettre ou à l'état d'eau-forte, tirées sur blanc et sur japon.

BERTONNIER et CÉRONI.

422. Mme Du Barry. — Mme de Pompadour, 2 portraits in-8.

Très belles épreuves en doubles états : avant la lettre et eaux-fortes.

BRACQUEMOND (F.).

423. Z. Astruc, avant la lettre et l'adresse de Cadart, sur chine, (Ber. 9). — Bérard, 1re planche (16). — E. Edwards (38). — Hoschedé (63). — H. Houssaye enfant. — E. Manet (75). — Ch. Méryon, héliogravure, avant l'adresse de la *Gazette des Beaux-Arts* (77). — La terrasse de la Villa Brancas (Portrait de Mme Bracquemond,) épr. avant la lettre. — Alidor Delzant. 9 pièces.

Très belles épreuves.

CALAMATTA ET MERCURY.

424. Le Masque de NAPOLÉON. — CONDORCET. — MERCURY. — R. ROCHETTE. — THEVENIN. 6 portraits in-fol. et in-4.

Très belles épreuves avant la lettre, le portrait de Condorcet est double : à l'état d'eau-forte et avant la lettre.

COURTRY (CH.).

425. C. DURAN. — Mlle GUIMARD. — CHARDIN. — Mme FEYDEAU. — MUNSKASHY. — VAUDOYER. 6 pièces.

Superbes épreuves avant la lettre ; sur blanc et sur japon.

DE MARE ET GAUJEAN.

426. Mgr DE LA BOUILLERIE, 2 états différents. — L. DAVID, 2 états différents. — GAILLARD. — Mme DE MARE, mère. — Baron J. DE ROTHSCHILD, 2 états différents. — STANLEY. — Mme DU CHATELET. — P. LACROIX. — POULET-MALASSIS. — O. UZANNE. — Portrait d'une Princesse. Ensemble 15 pièces in-8.

Superbes épreuves avant la lettre et à l'état d'eau-forte, tirées sur blanc et sur japon.

DENON (BARON VIVANT).

427. Portraits et griffonnements. 9 pièces in-4 et in-8 gravées à l'eau-forte.

Très belles épreuves.

DESBOUTINS (M.).

428. E. AUGIER. — A. BARBIER. — A. DUMAS. — CH. HAAS. — Mlle D'IDEVILLE. — A. KARR. — M. LEVRAULT. — CH. MONSELET. — RENOIR. 10 pointes sèches.

Superbes épreuves, tirées, moins les portraits de J. Cahen et d'A. Dumas, avant l'adresse de Cadart.

DIVERS.

429. LOUIS XVI. — MARIE-ANTOINETTE et ses enfants. — Duchesse de PARME. — Duchesse de NEMOURS, etc. 9 portraits en pied in-4, d'après Cosway, Mes Labille-Guiard et Lebrun.

Très belles épreuves avant et avec la lettre.

429 *bis*. BÉRANGER. — P. BOREL. — BYRON. — COUSIN. — A. ESQUIROS. — Dr FAVRE. — Les frères DE GONCOURT. — HETZEL. — A. HOUSSAYE. — Mme A. HOUSSAYE. — P. DE KOCK. — LAMARTINE. — H. MARTIN. — F. PYAT. — SAINTE-BEUVE. — E. SUE. — Mme SWETCHINE. — THIERS. — V. DE LA VÉGA. 23 portraits in-4 et in-8, gravés au burin, par François, A. Jacquet, Leguay, C. Nanteuil, Riffault et autres artistes.

Très belles épreuves, la plupart avant la lettre ou à l'état d'eau-forte.

430. CABANEL. — COROT. — DIAZ DE SORIA. — Mlle MARTIAL POTEMONT. — A. STÉVENS. 5 portraits in-fol. gravés à l'eau-forte par Ach. Jacquet, Granoind, Piguet, Martial et Chahine.

Très belles épreuves avant la lettre, les portraits de Cabanel et de Mlle Martial sont sur parchemin, celui de Corot, sur japon volant.

431. Mgr DARBOY, archevêque de Paris. — Le cardinal GUIBERT, archevêque de Paris. — Mme CAHEN. — M. le baron J. DE ROTHSCHILD. — M. STAMFORD. 5 portraits in-fol. gravés par Bertinot, Lamotte, J. Jacquet et Mordaut.

Superbes épreuves avant la lettre.

432. Prince ALBERT. — Louis BLANC. — Prince DE BOURBON. — Général CAVAIGNAC. — DAUVIN. — R. DUMESNIL. — D'HYVETERRE. — Marie LUGUET. — Mme NADAUT BUFFON. — PHILIPON. — Le Père RAVIGNAN. — A. ROBIN. — Bon Alfred DE ROTHSCHILD. — VIGNERRES. — Mlle DE LA FAYETTE. — Mme DE SÉVIGNÉ. — Mme DE MAINTENON. 17 portraits in-8 et in-4, gravés au burin, par G. Levy, François, Martinet et Riffault.

Très belles et rares épreuves avant toutes lettres et à l'état d'eau-forte.

433. BLANCHARD. — BRASCASSAT. — CANOVA. — J. COIGNIET. — COROT. — P. DELAROCHE. — A. FRANÇOIS. — GIRARD. — GIRARDET. — MARTINET. — MEISSONIER. — MULLARD. — C. NANTEUIL. — RICHOMME. — E. ROUSSEAUX. — VIGNON. — ZIEM. 19 portraits in-4 et in-8 gravés au burin par Bertinot, Chaplain, Dien et Rousseaux.

Très belles épreuves; la plupart avant la lettre ou à l'état d'eau-forte.

434. Général BOULANGER, — Président CARNOT. — P.-L. COURIER. — J. FAVRE. — Comte DE FELTRE. — Cardinal LAVIGERIE. — MAME. — PAILLET. — PASTEUR. — SAINTE-BEUVE. — SAINT-

HILAIRE. — Illustrations de catalogues. 16 pièces, in-4 et in-8, par Ardail, Calletin, Champollion et Teysonnières.

Très belles épreuves, avant la lettre ou à l'état d'eau-forte, tirées sur blanc et sur japon.

435. BL. BARETTA. — BONNAT. — CARPEAUX. — CHAMPFLEURY. — CHINTREUIL. — COURTRY. — A. DAUDET. — DAUBIGNY. — DELANNOY. — DUMAS FILS. — FLAMENG. — FORTUNY. — Les frères DE GONCOURT. — HARPIGNIES. — V. HUGO. — MONSELET. — TRIMOLET. — UZANNE. — VERLAINE. — E. ZOLA. 29 portraits in-4 et in-8, gravés à l'eau-forte, par L. Abbéma, Duvivier, Gaucherel, Lhermitte et autres artistes.

Très belles et rares épreuves avant toutes lettres ou à l'état d'eau-forte, tirées sur blanc et sur japon.

FLAMENG (L.).

436. ASSELINEAU (B. 304). — AUTRAN (305). — G. AYMARD (306). — DE BARANTE (307). — Le Maréchal BOSQUET (310). — BÜRGER (312). 2 états, eau-forte et terminé. — G. DROZ (324). — H. FLANDRIN (329). — J. JANIN et l'ABBÉ PRÉVOST (351). — LAMARTINE à vingt ans (357). — J.-P. LAURENS. — MARIE-LOUISE (365). — Mlle MAYER (366). — Le Docteur PIOGEY (381). — PONSARD (384). — PUVIS DE CHAVANNES. — THIERS. — FEMME INCONNUE. 18 pièces in-4 et in-8.

Très belles épreuves avant et avec la lettre, tirées sur blanc, sur chine et sur japon.

GÉRARD (D'après le BARON).

437. Partie de son œuvre : 15 pièces in-8 et grand in-4.

Très belles et rares épreuves, la plupart à l'état d'eau-forte.

GILBERT (A.).

438. J. CLARETIE (B. 111). — CRETINEAU-JOLY (112). — FROMENTIN (113). — RASPAIL (116). — H. BERLIOZ (118). — BEULÉ (119). — MILLEVOYE (131). — E. DE GIRARDIN, planche très rare tirée à 4 ou 5 exemplaires, puis effacée. Ensemble 8 portraits in-4 et in-8.

Superbes épreuves avant la lettre, sur blanc et sur japon.

HENRIQUEL-DUPONT.

439. Henriquel père (B. 6). — Entrée de Henri IV à Paris (7). 3 états. — Frontispice (22). — Ch. Normand. — J. Coiny (34). — Cromwell, devant le cercueil de Charles Ier (41). — Bazoin (45). — L. Desfontaines (46). — A. Allier (58). — A. Chenavard (59). — Duchesse d'Orléans (73). — Molière (75). — J. Rattier (85). — Comte de Montalivet (95). Ensemble 15 pièces in-4.

Superbes épreuves avant la lettre, pour la plupart.

440. Parguez, collectionneur, lithographie datée de 1828 (18).

Très belle épreuve sur chine. Très rare.

LALAUZE (J.).

441. Mlle Chauvelin. — Latour et Mlle Fels. — Mlle Fels. — Ch. Monselet, 2 états. — Reine de Hollande. — L'Impératrice Joséphine. — Mme de Rémusat, 2 états. — 2 portraits de Femmes. Ensemble 12 portraits in-4 et in-8.

Superbes épreuves avant la lettre et à l'état d'eau-forte, tirées sur blanc et sur japon.

LAMOTTE (A.).

442. Mme Coulvier-Gravier. — Le Chirurgien Paquier. — Le Général Valentin. — M. Gatteaux, 2 portraits différents. — M. Ansart. — Maxime Ducamp. — Melchior de Vogué. 8 portraits in-4 et in-8.

Très belles épreuves avant la lettre, sur chine.

LAWRENCE (D'après Sir Th.)

443. Lord Aberdeen. — J. Abernethy. — Lord Ashburton. — Lord Hardwicke. — Pie VII. — Mrs Siddons. 6 portraits in-4 et in-8 gravés par Inmes, Wagstaff et Turner.

Très belles épreuves, le portrait de Pie VII est avant la lettre.

LERAT (P.).

444. Cham. — Alfred Delvau, 2 états. — P. Lerat. — Guy de Maupassant. — G. Meyerbeer, 2 états. — Pilon-Duffesne, 2 états. Ensemble 9 pièces in-4 et in-8.

Superbes épreuves avant la lettre et à l'état d'eau-forte, tirées sur blanc et sur japon.

LITHOGRAPHIES.

445. Neuf heures du matin (Mlle A. Boulanger). — Midi (Mme Devéria). — Mlle François. 3 pièces par A. Devéria.

Très belles épreuves.

446. Duplat père et fils. — Dubois. — Fourniols. — Jannin. — Raynor. — Vidocq. — Dame du Temps de Louis XIV. — La Grappe de raisin. — Le Café. (Mme C. Motte). — Portraits de femmes inconnues. 12 pièces par A. Devéria.

Très belles épreuves sur blanc et sur chine, quelques-unes sont avant la lettre.

447. Sophie-Gail. — Monvoisin. — E. Parny. — 4 portraits sur une même feuille. Ensemble 4 pièces par J. Isabey.

Très belles épreuves, le portrait de Monvoisin est avant la lettre.

448. L. David. — Baron Boucher Desnoyers. — B. Déveria, âgée de 7 ans. — Duval-le-Camus. — J. B. Isabey. — Mahmoud II. — Maindron. — C. Vernet. — Baron Walkenaer. 9 portraits in-fol. lithographiés par Jacob, Devéria, Grevedon, H. Vernet et autres artistes.

Très belles épreuves.

449. Portraits charges, par Daumier, Benjamin et autres. 25 pièces publiées dans l'*Album théâtral*, le *Miroir drolatique*, *Caricatures du Jour* et le *Panthéon charivarique*.

Très belles épreuves avant le texte au verso.

450. Deschamps. — J. Gigoux. — V. Hugo. — Jasmin. — Liszt. — N. Louis. — Paganini, en prison. — Général de Rigny. — F. Servais. — Steuben. — Portraits de littérateurs Français et Étrangers avec scènes tirées de leurs ouvrages. 22 pièces par V. Adam, Alophe, Dantan et autres artistes.

Très belles épreuves, les portraits de E. Deschamps et du Général de Rigny sont avant la lettre.

451. ARNAL. — DUPATY. — GUSIKAW. — VILLENAVE. — DAVID D'ANGERS. — E. DELACROIX. — VEJUS. 7 pièces, par Gavarni et J. Gigoux.

Très belles épreuves, sur blanc et sur chine, le portrait de Véjus est avant la lettre.

452. P. BERNARD. — DAUZATS. — ALEX. DUMAS. — TH. GAUTIER. — GAVARNI. — GIGOUX. — Dr HENOQUE. — AL. KARR. — MOURRIER. — NOURRY. — PRADIER. — THALLAY, etc. 18 pièces par J. Veillat, L. Noel, Lafosse et autres artistes.

Très belles épreuves, plusieurs sont avant la lettre.

MASSON ET CHENAY.

453. E. AUGIER. — CADART. — V. COUSIN. — E. DE GIRARDIN. — Mme E. DE GIRARDIN. — INGRES. — ROSSINI. — SILVESTRE DE SACY. — VERDI. — H. DE BALZAC, 2 états. — H. BERLIOZ. — A. HOUSSAYE. Ensemble 12 portraits in-4.

Très belles épreuves avant la lettre, moins les portraits de Cadart et de Mme de Girardin qui sont avec.

MÉRYON (CH.).

454. LECOMTE (Casimir), d'après G. Boulanger. In-fol.

Très belle et rare épreuve sur parchemin.

MORGHEN (R.).

455. ALGAROTTI. — J. FANTASTICI. — D. VOLPATO-MORGHEN. — R. MORGHEN. — J. VOLPATO. 5 pièces in-4 et in-8.

Très belles épreuves avant et avec lettre.

MORSE (A.).

456. Mme DU BARRY (B. 6). — MARIE-ANTOINETTE (7). — Mme ELISABETH (10). — MARIE-THÉRÈSE-CHARLOTTE (11). — Général DE CHARETTE (16). — INGRES (20). — Mme CHAMPCENETZ (36). — MARIE-ANTOINETTE et Mme ELIZABETH. Ensemble 9 portraits in-8 ; les deux derniers sont gravés par Danguin et Rousseaux.

Superbes épreuves avant la lettre sur chine.

NAPOLÉON ET SA FAMILLE (Portraits et pièces historiques sur).

457. LUCIEN BONAPARTE. — CAROLINE, reine de Naples. — Pièces tirées des Campagnes d'Italie. — NAPOLÉON III. — L'Impératrice EUGÉNIE. — LE PRINCE IMPÉRIAL. 14 pièces in-fol. et in-8.

Très belles épreuves, la plupart avant la lettre.

NARGEOT (A.).

458. Sir CH. BARRY. — A. DAUDET, 2 états. — GAVARNI. — Mme de MAINTENON. — Duc de PERSIGNY. — P. de SAINT-VICTOR. — THIERS. — A. THOMAS. 9 portraits in-4 et in-8.

Très belles épreuves avant la lettre et à l'état d'eau-forte, tirées sur blanc et sur japon.

PIQUET ET **RAJON.**

459. P. GACHET. — GAMBETTA. — A. MARTIN. — Cardinal PIE. — LA PINELAIS. — F. RÉGAMEY. — CANOVA. — L. R. GOWER. — STENDHAL et LEMOIGNE. 9 pointes sèches et eaux-fortes.

Très belles épreuves avant la lettre ou à l'état d'eau-forte.

PANNIER ET **POLLET.**

460. BÉRANGER. — Duc de FITZ-JAMES. — THIERS. — F. ARAGO. — Prince DEMIDOFF. — A. de MUSSET. — SAX. — HOFFMANN, par Pelée.

Superbes épreuves avant la lettre, sur blanc et sur chine.

Paris. — Typ. PH. RENOUARD, 19, rue des Saints-Pères — 48940

www.ingramcontent.com/pod-product-compliance
Ingram Content Group UK Ltd.
Pitfield, Milton Keynes, MK11 3LW, UK
UKHW022109170726
13837UKWH00003B/1138